Casanova
était une femme

Régine Deforges
Sonia Rykiel

Casanova
était une femme

Illustré par Claire Bretécher

calmann-lévy

Ouvrage publié avec le concours
de Muriel Flis-Trèves

© Calmann-Lévy, 2006
ISBN 2-7021-3644-3

À nos enfants :
Franck, Nathalie,
Jean-Philippe,
Camille et Léa.

> Ma douce,

Je reprends ce mot qui traînait hier entre nous.
« Amour ». L'Amour. Toujours.
« Lâchez-vous ! dit Claire, laissez du champ,
de la dérision. »
Je dérive. Je sublime. Je délire même.
Amour, de plus en plus, mais pas le même.
Pas caché. Pas touffu. Pas flou.
Amour qui déborde, sans qu'on se voie, sans se
parler.
Amour qui se sait, installé, débordant, secret, caché.
Amour pénétration qui te bouffe le cœur, comme
la drogue, parce qu'il te fait partir.
Tendresses, caresses, baisers.
Je te baise de mots chauds.
Souvent ça m'essouffle, parce que je ne le reprends
pas, mon souffle.
Respire. Encore plus profond. Tu vas mourir si
tu ne respires pas.
Mais je ne dirai plus rien, ou alors le strict
minimum, par politesse (règle de Knut Hamsun).
Je note.

Sonia

> Ma Sonia,

Tu me baises de mots chauds que tu dis ! C'est bien joli les mots, mais ce ne sont que des mots.

Je sais que tu les aimes, que tu les roules sous ta langue, comme un morceau de chocolat.

Toi, tu aimes le chocolat, moi, pas trop, mais j'aime les mots, les doux, les sonores, les parfumés, les cruels, les troublants, ceux que l'on retient car *dire*, c'est poser, rendre définitif.

Un homme aimé m'a appris que les mots peuvent tuer : je n'ai pas envie de te tuer. Elle est terrible la langue française si précise et cependant ne disant pas l'imprécision, l'indécision dans laquelle je suis face à ce que nous voulons entreprendre.

Sommes-nous ambitieuses ou simplement prétentieuses ? Les deux, mon général.

« Elles ne doutent de rien », disent-ils. Qu'en savent-ils ? Faire, c'est vivre ou ne pas mourir. Tu vas mourir si tu ne respires pas, écris-tu ? Et alors ?

« Lâchez tout, les filles », dit Claire ! Elle en a de bonnes ! « Écrivez, j'illustrerai vos écrits. » Dame ! l'addition des trois, ça donne à réfléchir.

Alors, ma Sonia, mon hortensia roux, on se lâche comme le suggère la Bretèche ? Essayons.

Vois-tu, face au temps qui passe, j'ai envie de m'envoler dans l'absurde, dans l'inutile, dans le gratuit.

Lucie, ma grand-mère, parlait du poids des ans. C'est lourd une vie…

Tout à l'heure, je pars pour Cuba.

Régine

Je t'envoie ces lignes. Je ne les relis pas !

> Je décode.

Ne te retourne pas. Le poids des ans. Horrible.
Terrible. Je me tue. Ou alors je sombre dans le
plaisir et je ris.

Et je tourne autour du plafond de l'Opéra :
Chagall, les dorures, les couleurs, la beauté. Plus
beau tu crèves. Je ne regarde pas le spectacle, je
rêve sur le rond central avec la baguette du chef
d'orchestre, violons, clairons. Je hurle : « Vous êtes
fous ! » Ce n'est pas du Debussy mais *Don Juan* de
Mozart.

Ils s'en foutent. Ils jouent le *Casanova* de Fellini.
« Action ! »
Il n'y a plus personne.
Silence on tourne.
On tourne quoi ?
L'histoire d'un intrigant, un libertin, un
présomptueux, un fou de sexe, de prouesses, un
pantin érotique. Mais personne ne le sait. La vérité
c'est que Casanova était une femme. C'était
Giulietta ou Monica ou Claudia qui se donnait à
corps perdu, qui se jetait dans les bras des hommes
pour, après, aller se cacher derrière les arbres à
l'entrée de Rome. Les fameux arbres où, au début
de l'hiver, il y a des fagots qui brûlent.

Là-bas, ces femmes, ils les appellent les *lucciole*.

Je t'aime.

Bon voyage. Prends soin de toi.

Sonia

J'ai décidé de ne plus répondre à :
1. Qui a fait ce portrait de vous ?
2. Pourquoi ne portez-vous que du noir ?
3. Pourquoi un pull ?
4. Qui est votre idole ?
5. Quelle est la différence entre un *intarsia* et un jacquard ?
6. Pourquoi les rayures ?

À toi, Régine, seulement à toi, je dirai tout.

1. *Qui a fait ce portrait de vous ?* Un débile qui déteste les femmes.
2. *Pourquoi ne portez-vous que du noir ?* Parce que le noir c'est inattrapable.
3. *Pourquoi un pull ?* Un pull, parce que ça respire, ça boit, ça mange, ça pète les plombs, ça craque les mailles, ça vit.
4. *Qui est votre idole ?* Mon idole, tu vas rire, c'est moi. Mais parce que je l'ai décidé.
5. *Quelle est la différence entre un* intarsia *et un jacquard ?* Un *intarsia*, c'est un dessin inclus dans un tricot. C'est comme si tu faisais un trou et que tu le remplissais d'un dessin coloré. Un jacquard, c'est tricoté dès le début avec le pull.

6. *Pourquoi les rayures ?* Les rayures parce que rien n'est plus beau. Il y a des rayures qui chantent et des rayés qui pleurent ; des rayures barrées, des rayures qui se rejoignent à l'infini, des multicolores et des bicolores, des rayés qui se choquent, des rayures intranquilles comme les livres de Pessoa, ou des scandaleuses comme un château-margaux ou un château-d'Yquem, des baroques méfiantes ou des rayures qui défient le temps, l'époque (un pull Picasso, un pull de gondolier ou un pull marin) ; des rayés mégalos qui s'envoient en l'air, des rayés émotion avec une fleur à la boutonnière, des cramoisis avec les lèvres rouges, des rayures sale gueule qui en ont plein la bouche ; des vénéneuses, des honteuses, des pleines de grâce, des qui perdent la raison, qui se cassent la figure parce qu'elles prennent le mauvais sens, des immobiles sans foi ni loi.

Et puis, enfin, il y a mes rayures, les miennes, les chéries, les adorées, les bouffées, les lumineuses, les seules, les vraies. La beauté rayée.

Je ne me relis pas.

Sonia

> Pour Régine à Cuba

Alors, tu m'oublies ou c'est la politique qui
t'absorbe ?

Lâche-la, elle se fout de nous, ne s'occupe pas de
nous, de ce que l'on pense, de ce que l'on dit, de
nos pétitions, de nos demandes.

J'ai honte de regarder tous les jours les mêmes
drames, les mêmes images, et d'être là, comme une
pomme, à me prendre la tête entre les mains, à me
la taper contre mon coussin. J'ai beau me dire qu'il
faut bouger beaucoup pour faire remuer un peu…
c'est lourd, trop lourd aujourd'hui. Je pense à toi.

Sonia

> Ma Sonia,

Comment pourrais-je t'oublier ? Mais Cuba peut être une rude rivale dans l'amitié comme dans l'amour. Vois-tu, ici, il y a de la magie, une magie sournoise qui agit chaque jour un peu plus et vous laisse envoûtée, sans défense, heureuse de cet abandon dans la moiteur des jours et des nuits. Ce n'est pas un pays raisonnable, il croit encore aux dieux, ceux d'Afrique comme ceux du monde chrétien qui font d'ailleurs très bon ménage.

La politique ?… je ne m'en fous pas, elle dirige quoi qu'on en dise nos vies. Comme toi, je m'en méfie et méprise la quasi-totalité du personnel politique de notre pays qui a oublié qu'il était au service de la république et de la démocratie. Quant à Cuba, il y aurait trop à dire. Pour résumer – très vite, trop vite – mon opinion, je répéterai ce que disent la plupart des Cubains : « Je hais Castro mais j'aime Fidel… » Comprenne qui peut !

Ma douce, ne te prends pas la tête avec les horreurs du monde. Il est là, c'est le nôtre, il est à notre image et je comprends que cela dérange. Cependant, il est des moments de grâce, de bonheur qui nous font espérer en un avenir meilleur. Il faut y croire, de toutes nos forces. Je veux y croire. J'y crois.

N'oublie pas, Sonia, ma belle, que tu es forte, très forte et que tu es de celles qui font bouger le monde. Je t'aime.

Légin

Je t'embrasse, je pense à toi. Micheline est morte,
je suis si triste.
Je t'aime.

Sonia

La Havane, le 15 février

> Ma chérie,

Il pleut sur La Havane. Les bouquinistes de la place d'Armes ont recouvert les présentoirs des livres de bâches de plastique noir et attendent, résignés, sous les arcades, que la pluie cesse. Je ne connais pas grand-chose à la météorologie cubaine, mais je parierais bien que le mauvais temps va durer jusqu'au soir. Cependant, quelques-uns d'entre eux, plus inquiets, abrités sous un parasol tenu par un compagnon, commencent à remballer : la journée a été mauvaise. Pourtant, elle avait bien commencé : du soleil, un vent léger, des touristes par troupeaux – même si le bouquiniste havanais sait que le touriste en groupe s'arrête rarement devant les reliures défraîchies et les ouvrages hagiographiques consacrés aux héros de la révolution. J'entends, sur les pavés de la place, le roulement caractéristique des chariots sur lesquels s'empilent les cartons de livres pour être transportés dans une réserve voisine : avec la nuit, la pluie s'est un peu calmée, mais le gros des libraires attend prudemment… Mal leur en a pris, la pluie repart de plus belle : vont-ils devoir passer la nuit à la belle étoile pour veiller sur leur commerce ?

Sonia, ma douce, je ne sais pas pourquoi je te raconte tout ça. Ton message laconique me dit plus que de longues phrases ton chagrin. Je t'aime, mon petit, mais je ne peux rien pour toi. Tu le sais que certaines peines ne peuvent se vivre que dans le secret du cœur. Celle de Philippe son fils, ton beau-frère, est immense. Repose la tienne sur la sienne. Elle n'en sera pas moins grande mais la douleur des autres peut – et doit ? – apaiser la nôtre. Dis-lui que, de cette île lointaine, je pense à lui. Micheline a rejoint le royaume des ombres, celui où toi et moi irons un jour. J'aime à penser que l'on y retrouve ceux que l'on a aimés. Cette croyance naïve en vaut bien une autre et elle peut aider à trouver la séparation moins dure.

Ma petite chérie, si tu savais comme je pense fort à toi. Je t'embrasse… fort…

Il pleut toujours.

> Ma chérie,

Il y a une semaine que je suis rentrée de La Havane, aujourd'hui, je reviens de Besançon, l'ancienne capitale des Séquanes qui appelèrent à l'aide le Germain Arioviste contre les Éduens. Vainqueur, le chef de la tribu des Suèves opprima les deux peuples gaulois : il fut battu par César en 58 avant Jésus-Christ. Avant de venir à Besançon en l'honneur du deux centième anniversaire de la naissance de Victor Hugo et pour soutenir la candidature de Lionel Jospin, je n'avais jamais entendu parler d'Arioviste dont la mémoire est restée longtemps présente chez les Bisontins. Heureusement qu'il y a le *Grand Larousse du XIX siècle*, ma bible ! Je ne suis pas un supporter fiable, j'ai quitté le cortège pour me balader dans la ville sombre où naquit le poète. Dans la cathédrale, j'ai brûlé un cierge avant de redescendre vers le centre. Je me suis arrêtée dans un café qui avait l'air d'être l'endroit branché de Besançon. En traînant les pieds, j'ai rejoint les supporters au théâtre pour les discours. Assise au troisième rang, je me suis endormie pendant celui de Jospin : les applaudissements m'ont réveillée. J'ai fui le raout qui a suivi et… j'ai raté le train, qui a emporté mon bagage. Quelle conne !

Je te recommande l'hôtel Ibis de Besançon, son ambiance et ses petits déjeuners.

Tous les plaisirs ont une fin ; me revoici à Paris, devant ma table de travail, l'esprit aussi alerte qu'une huître. Mille tendresses.

Le 27 février

Ta lettre me fait plier de rire, si ce n'est que je suis en pleine collection et que j'ai plutôt envie de pleurer. Mais tant pis, puisque tu parles de Besançon, des Séquanes qui appelèrent Arioviste contre les Éduens, et que tu as la gentillesse de me dire que tu n'avais jamais entendu parler d'Arioviste. Je dois te dire que moi non plus, je n'ai jamais entendu parler de ce Germain-là, ce fameux Arioviste. Mais j'ai pris des renseignements... Il était beau comme un dieu, toujours habillé de peaux de bêtes couleur chair, avec des franges partout, des ceintures cloutées d'or et des drapés autour du cou. Il avait une barbe somptueuse et des yeux d'un bleu à faire perdre la tête. Ses spartiates étaient lacées de telle façon qu'elles avaient l'air de ne pas être attachées. Il adorait les femmes qui le lui rendaient bien. Mais comme il fut battu par César, il s'enfuit, repassa le Rhin et on ne le revit plus. Dommage, c'était un homme qui m'aurait beaucoup plu, moins que Victor Hugo – son compatriote. Je me serais damnée si je l'avais connu. Il était tout ce que j'aime : démesuré, séducteur, homme de lettres, magnifique, menteur, infidèle mais responsable, adorant les enfants, sentimental, boulimique, bouffant la vie…

Quant au reste, Régine, tu me fais honte. Tu pars pour soutenir Jospin et tu quittes le cortège pour aller te balader seule dans la ville ; assise au troisième rang tu t'endors et te réveilles sous les applaudissements, tu fuis le raout et tu rates le train… Non mais je rêve !… Oui, je rêve… que je suis avec toi, que je quitte le cortège, qu'assise au troisième rang je m'endors et me réveille sous les applaudissements, fuis le raout, rate le train et me retrouve avec toi à l'hôtel Ibis de Besançon – son ambiance, ses petits déjeuners – où nous passons la nuit à nous raconter des histoires d'hortensias mal baisés qui décident de devenir des fleurs incueillissables (ce qui me détruit), de train avec des compartiments capitonnés portant des noms de fleurs et que l'on peut louer à l'heure lorsqu'on va de Paris à…, de rencontres à bicyclette, de pages blanches sous l'œil affolé du barman écroulé sur sa banquette et qui, toutes les demi-heures, se lève pour remplir nos verres de bouzy.

J'essaie de faire des robes.

Je pense à toi. Je t'aime.

Sonia

> Ma douce,

Vote pour moi au Salon du livre de Limoges :
Ma Cerisaie de Marina Vlady.

Je suis triste de ne pas être avec toi mais je me bats
avec mes robes. Elles sont odieuses, je les hais ; trop
courtes, trop longues, elles me font des pieds de
nez, pouffent derrière leur mousseline, se trompent
de chaussures ou défilent pieds nus, alors que je l'ai
interdit ! Elles sont tellement fortes ces salopes
qu'elles me marcheraient dessus si je ne les ficelais
pas avec des ceintures de cuir et boucles de strass !
Quant aux manteaux c'est pire ! Ils ont décidé de
défiler à l'envers, coutures dehors… Tu imagines ?
c'est complètement démodé, et quand je le leur dis,
ils se foutent de moi : « C'est bien toi qui as inventé
les coutures à l'envers ! » Qu'est-ce que tu veux
répondre à ça ?

Heureusement qu'il y a les pull-overs avec lesquels
j'ai une liaison heureuse. Eux ils m'aiment, ils me
comprennent, ils m'écoutent. Je les adore.

Bicolores, multicolores, rayés, traversés de strass, de mots, d'*intarsias*... Un jour je partirai avec eux, et je t'emmènerai.

Dix mille baisers rouges.

Sonia

Paris, 10 mars

> Je ne t'ai jamais parlé de ma passion pour Wittgenstein.

Est-ce que l'on sait pourquoi on tombe amoureux ?
J'aime tout chez cet homme. Il est beau comme un
dieu, passionné, exceptionnel en tout, musicien,
enseignant, architecte, adorant le cinéma, sûrement
pervers, despote, voyou mais génial.
Ce qui me plaît c'est cette espèce de folie (un peu
comme celle de Modigliani) qui le fait osciller
constamment, et puis d'un seul coup prendre
position et paraître si sûr de lui. Ses livres
de philosophie sont pour moi impénétrables,
ses questions sur la nature du langage, les
mathématiques, tout est décortiqué, réfléchi,
décomposé, logique – sûrement – mais d'une
complexité incroyable. Il est des êtres étranges qui
te trouent le cœur uniquement parce qu'*ils sont.*
Je pense qu'il n'aimait pas les femmes ni même
peut-être les hommes. Moi je l'aurais adoré.
Je t'aime.

Sonia

.

> Régine,

Pourquoi j'essaie de me surpasser en permanence ?
Suis-je à ce point narcissique que j'aie besoin
absolument, tous les six mois, de sortir de ce
podium défaite, détruite, hagarde, attendant du
monde entier qu'il m'applaudisse, qu'il m'adule…
Que dois-je faire ?
Être la même mais autrement, diaboliser mon style,
ma création, être différente sans me mettre en
danger, oublier ce que je suis, jouer mon air favori
sur un autre instrument plus poétique, être
déraisonnable, plus magique, truquer encore plus,
mentir encore plus, me révolter, me surprendre…
qu'est-ce que je veux ?
M'amuser plus, m'envoyer en l'air, changer le
monde, abandonner – jamais – m'emballer dans
un nouveau trip, fou, indécent, parler dans le vide
et attendre des réponses – de qui ? Mes robes ne
répondent pas ; mes pulls non plus. Peut-être les
sacs, les ceintures ? J'ai l'impression à chaque fois
d'aller au bout de moi-même, de mon désir le plus
enfoui, le plus extrême, et pourtant, je sais que je
ne me suis pas dépouillée de mon ancien manteau,
que je n'ai pas tiré à bout portant sur tout ce qui
me gêne, m'agace, m'ennuie, que ce que j'ai dans

la tête, dans le corps, dans le ventre, je ne l'ai pas extirpé, que je ne l'ai pas traduit en couleurs, en plis, en formes, que je dois pointer plus loin, brûler plus fort, détourner les mots, les croiser, revoir mes textes, plonger au plus profond, être rigoureuse, héroïque, ne jamais me laisser faire, hurler qu'il faut exiger (de moi) que je mène la danse.

Je suis assise là, sur mon lit, en face des arbres sans feuilles, des toits gris, la fourrure du dessus-de-lit me caresse les pieds. Cette collection m'a tuée.

Mon regard suit le nuage bleu… Je dessine.

Tu me manques.

Sonia

Paris, 27 mars

> Ma douce,

Je ne supporte pas que tu ailles mal. Ne me caches-
tu rien ? Bien sûr, je n'aime ni la maladie ni les
malades, mais ce n'est pas une raison pour me
cacher quelque chose concernant ta santé. Je t'aime
assez pour l'entendre et t'aider le cas échéant.
C'est bientôt la fin d'une belle journée, le soleil
s'attarde derrière Saint-Germain-des-Prés et donne
des envies de flânerie et d'amour. L'amour ?
La belle aventure dont j'ai encore faim. J'ai des
désirs d'odeurs de mâles, d'aisselles mouillées, de
ventre humide… Normal, c'est le printemps, et au
printemps, à Paris, comme le disait le poète Jehan
Rictus, « ça sent la merde et les lilas » !
Je t'embrasse… Je t'aime.

Régin

> Régine,

De Saint-Malo, enfermée dans ma chambre, la tête dans mes bouquins, le nez à la fenêtre, vue sur la mer, splendide, couleur algue panachée, pâle émeraude, odeur brise embuée, toucher larme salée, quelques voiliers bleus, aussi bleus que les yeux de tu sais qui. Des cerfs-volants, bleus aussi, mais tachés de blanc, les cerfs-volants de *Mort à Venise* avec Tazio, mais Tazio n'est pas là. Seule, une femme au visage à peine dessiné, vêtue de noir, pieds nus, avec une ombrelle de satin vert. De temps en temps, elle regarde le ciel comme si elle attendait.

D'horribles mouettes – je les hais – viennent cogner à ma fenêtre, attirées, j'en suis sûre, par la sublime azalée que m'a offerte Nathalie et qui emplit ma chambre chaque jour de plus en plus.

J'écris, je lis, je dessine. Je mange des prunes pour ne pas manger de chocolat. Midi et soir, je m'empiffre de langoustines qui ont l'air de crevettes, gavées d'œufs rouges, pour ne pas manger des gâteaux bourrés de crème fraîche qui me font des pieds de nez et me regardent de travers.

Je n'ai qu'une envie : être à Paris avec toi, au Flore, et avaler notre fameux plat cheddar-pain grillé, un peu de cognac avec deux gouttes de sauce Worcester.

Tu me manques.

Sonia

Écris-moi ou je te tape sur les doigts, sur le visage, sur le corps – et je tue « La Hire » que je viens de rencontrer au Flore.

Je t'aime.

Sonia

> Sonia,

La Hire, ma belle, était boiteux : dans son sommeil, une cheminée s'était effondrée sur lui. Pour l'heure, je suis avec Jehanne dont on vérifie la virginité : on la trouve femme, vierge et pucelle. Le monde est à elle. Elle quitte Poitiers et écrit aux Anglais d'abandonner Orléans, sous peine de la colère de Dieu, celle du Dauphin – c'est ainsi qu'elle nomme, Charles VII, qu'elle s'est juré de faire couronner à Reims – et de la sienne. Ne trouves-tu pas étrange qu'une jeune paysanne – elle a dix-sept ans – ait pu approcher si facilement le roi et le convaincre de lui donner une armée pour « bouter » les Anglais hors de France ? Comment une gamine a-t-elle convaincu un roi méfiant et ses conseillers ? Comment a-t-elle pu se faire obéir d'hommes de guerre aussi cruels que La Hire, Gilles de Rais, le bâtard d'Orléans, le duc de Vendôme ? Autant de questions auxquelles je tente d'apporter une réponse mais aucune n'est satisfaisante. En attendant, je me plais bien en sa compagnie et celle des brutes qui l'accompagnent. Arriverai-je au bout de cette aventure ?
Trouvera-t-elle son public ? Je le crois, je le veux.
Je t'embrasse comme je t'aime, fort.

Légin

L'Amour

Des baisers

Oh des baisers de sa bouche

C'est très bon tes amours de toi

Mieux que le vin

Cantique des cantiques

Régine,

Je fais un trait

Pour le corps

Jamais un biais

Trop fort

Ça jouit

Je lèche le bord

J'étale avec le doigt le pastel gris

Sur les seins la chair est douce

Rose poudre avec le bout carmin

Le ventre plie

Se laisse aimer

Enlacer

Les mains pressées

Se posent

Et osent

Caresser le sexe
Plus
Fleur fourrée artificielle
Pétales mouillés
Scandale
Merveille

Connerie la poésie ! Trop difficile, trop bien !
Comment prendre le vers, le tordre, lui donner
sa rime, lui donner la parole, une couleur,
une beauté ?
Un sexe ?
Poser les vers deux par deux, allongés sur la page,
les laisser se toucher, s'enlacer, se caresser.
Ils bougent, ils s'échappent, ils vont faire l'amour, se
répandre, se laisser couler.
Je vais les plier.
Ce sera intraduisible, indéchiffrable.
Tant mieux !
Je t'aime. Je t'embrasse.
Écris-moi.

Sonia

> Ma douce,

Devant ma fenêtre, un pigeon. Je hais ces sales
oiseaux qui bouffent tout, détruisent ma terrasse et
volent mes roses en foulant les pétales par terre.
Pourtant les arbres sont si beaux fin mai, vert salade
pas assaisonnée.
Demain, c'est la collection Cruise, « croisière » si tu
préfères.
J'ai mis des boutons blancs partout. Je les entends
hurler : « Du blanc ! tu es folle !… Même sur le
noir ? » Oui. Les robes sont longues, un peu
tabliers, en biais jolies, les pulls marrants.
La Mode, la Mode…
Écrire…
Viens faire mes robes, je vais écrire.
Transgression. Où suis-je ? En Algérie avec La Hire
ou Jeanne d'Arc, ou à Reims ou à Paris, encore avec
tous ces tissus que je fronce, découpe, raccorde,
troue.
Est-ce que je pourrais m'asseoir à une table,
compulser des archives, rechercher, retrouver,
transcrire, romancer l'histoire tout en lui gardant
son côté historique, l'ouvrir pour lui donner du
poids, du sens, trouver la symbolique des
événements, les relater en inventant, en magnifiant

ou en disant simplement les faits. « Simplement »,
quel vilain mot.

Quel rôle as-tu ? Où es-tu ? Quelle place prends-tu
dans l'histoire ?

Moi, je suis l'inventrice de l'objet que je fais.
Naturellement, je pars avec un bâti mais qui est
toujours le même puisqu'il est « mon bâti », mon
histoire et que à chaque instant, tout en gardant la
substance, j'oscille, je vacille, je pars à droite, à
gauche, tout en étant tenue de conserver le noyau
qui est ma force, ma légende. C'est vrai aussi que
j'ai peu de marge pour bouger, mais, pourtant, j'ai
le sentiment d'inventer. Est-ce que je pourrais partir
comme toi, à chaque fois, dans différentes
directions et être aussi intéressante, passionnante,
drôle, dévergondée ? Toi aussi, pourtant, tu te fixes
autour d'un seul événement. Tu le décortiques, tu le
racontes à ta façon, mais ta marge est plus grande
que la mienne. Tu as le monde entier comme
champ d'action, tu peux tout faire exploser,
te mettre en danger parce que tu peux reprendre
tes billes plus tard. Tu n'as pas besoin d'être
transparente, tu exposes, tu dis « c'est un roman »,
tu peux déconcerter, tu es une théâtreuse qui
déballe ses mots, son savoir, tu files le train aux
personnages et ça, ça me troue que tu puisses les
suivre, les inventer, les déshabiller. Moi, je dois être
transparente, répondre de chaque robe. « Pourquoi

deux poches ? » « Pourquoi *Sensuous* ? » « Pourquoi
six boutons ? » Alors je déconne. « Deux poches ?
Pour faire des trous. » « *Sensuous* pour l'amour. »
« Six boutons pour montrer les seins. » Je dis ça
mais j'angoisse parce qu'ils n'attendent pas ça
de moi.
Je t'aime.

Sonia

Paris, le 23 mai

Ah, je suis une « théâtreuse » ! Tu en es une autre,
et de la pire espèce ! Tu n'as pas ta pareille pour
décrocher le premier rôle et faire de l'ombre à la
jeune première ; tu es la jeune première, l'ingénue,
la tragédienne, la soubrette, la sorcière, la comique.
Tu joues tous les rôles de manière à n'en laisser
aucun aux autres. La grande Sarah Bernhardt, à
côté de toi, ce n'est rien, tout juste une diva de
banlieue.

Comme toi, je n'aime pas les pigeons, seulement à
la cocotte avec des petits pois du jardin et des
carottes nouvelles : un délice !

Que tu mettes des boutons blancs ou dorés, cela
m'est égal, je n'aime ni les uns ni les autres. Mets
des boutons noirs ou de nacre et qu'on n'en parle
plus. La Mode, la Mode… c'est ce qui se démode.
Alors fais autre chose. Je sais, tu ne demandes pas
mieux, c'est pour cela que tu écris, pour te prouver
que tu sais faire des livres aussi bien que des
vêtements. Mais, ce n'est pas si simple. Pour toi, le
mot « simplement » est un vilain mot. Si tu hais la
simplicité, c'est que tu ne la connais pas. Comment
aimer ce qu'on ne connaît pas ? Là est la question.
Moi, j'aime la simplicité parce que ce n'est ni

simple ni facile. Être simple, pour de vrai ou non,
c'est une affaire d'élégance, de distance, de
limpidité, de transparence. Toi, tu la brouilles,
cette transparence, tu la recouvres d'un voile
opaque pour ne pas t'y refléter.

Oui, j'ai le monde entier comme champ d'action et
cependant, je m'y trouve à l'étroit, comme dans une
robe trop serrée. Mais, je n'ai pas le choix ; ce
monde, c'est le mien, le tien, nous l'explorons
chacune à notre manière. L'une et l'autre sont
belles. Et cela nous réussit : on aime tes collections,
on aime mes livres, ils sont notre construction.

À qui sait regarder, on voit qu'ils nous ressemblent,
nous sommes dans chacune de nos œuvres avec
notre peau et notre âme.

Nous construisons avec la peur au ventre et c'est
bien ainsi. Nous nous remettons chaque fois en
question, nous nous jetons dans l'arène avec
l'angoisse d'être mangées. Mais nous sommes trop
coriaces pour la meute édentée, à l'échine serve, au
poil terne. Cela, elle ne nous le pardonne pas.
Jamais elle ne pardonnera notre différence. On s'en
fout ! On l'emmerde ! Oh ! comme on l'emmerde
et depuis longtemps maintenant ! Tenons bon, ne
rejoignons pas le troupeau.

Toi, ma Sonia, ma belle et tendre amie, ne fais
jamais ce que tu crois qu'ils attendent de toi ces

loups minables aux crocs usés mais qui peuvent mordre encore ; ce serait leur victoire. Sois libre, c'est ton destin, ta gloire et ta souffrance aussi. Être libre se paie cher, nous le savons toi et moi, mais avons-nous jamais regardé à la dépense ?...

Je t'aime.

Légin

> Régine,

Je ne hais pas la simplicité, tu es injuste, je n'aime pas le mot « simplement », ce mot est horrible.
« Faire simple », « simplifier », « aller au plus simple », « laisser aller », ça suffit, on arrête…
La simplicité comme tu le dis est affaire d'élégance, de distance, de limpidité, de naïveté presque, c'est un raffinement. La robe la plus simple, la plus pure, une robe en biais juste tirée, c'est la Beauté. Cette robe sur laquelle chaque jour je recommence, elle me tue mais je l'aime à en crever surtout lorsqu'elle est nue, qu'elle n'a ni pli, ni volant, ni col, ni poche, ni broderie, ni ceinture, ni bouton, alors là je m'acharne sur elle, je la couvre de baisers, de caresses, de gâteries (toutes), je lui joue la comédie.
« Allez les bleus, le rouge, le vert ! Plutôt du noir. Aide-moi, salope [la robe] ! réponds ! Tu préfères un trou ? deux ? Une manche ? deux ? » La mode est une robe qui fait une robe qui fait une robe qui fait une robe… Comme Lacan dit que l'humanité est une femme qui fait une femme qui fait une femme qui fait une femme… J'arrête.
Politique, je peux pleurer. Voter c'est un devoir ! ! ! Indispensable ! ! ! Il fait beau, il fait chaud alors on n'y va pas… voter. Quelle honte ! et ces hommes

(politiques) qu'est-ce qu'ils croient ? Qu'il suffit de faire le beau pour gagner, de taper sur les autres, de parader, opéra bouffe, comédie burlesque, dérision, et la parité j'en ris encore. Une femme au pouvoir parce que c'est une femme, quelle sottise !... Là aussi j'arrête parce que je pourrais ne plus me contrôler.

Surréaliste voilà qui me plaît, le bizarre, le vague, le surprenant, le jeu, déranger les autres, les faire rêver, détourner le mot, l'objet, en lui conservant sa tige, son complexe. J'aime le côté énigmatique des êtres ! Ceux qui secrètement sont mystérieux, qui ont l'air d'être ailleurs alors qu'en fait, ils vous guettent. J'aime le regard sur-réaliste que je pose sur certains que certains posent sur moi. Par moments je me sens dépassée par la réalité, je la pose dans un coin, la cache sous un coussin et rêve, inconsciente, que je peux refaire... retraduire... recommencer... manifester...

Je t'aime, je t'attends,

Sonia

Paris, le 25 mai

> Ma douce chérie,

C'est aujourd'hui le jour anniversaire de ta naissance. Béni soit ce jour !

Nous nous retrouverons ce soir, chez Nathalie, ta fille bien-aimée. Mais, en attendant, je te souhaite un très joli anniversaire. Je t'aime.

Lé-yin

Le 8 juin

C'est fou ce que tu aimes te barbouiller avec les mots comme d'autres avec de la confiture ou du chocolat !… Chocolat, ça te va ? Ce soir, tu es avec les croqueurs de chocolats. Grand bien te fasse ! (Là, l'ordinateur me dit que je devrais écrire : « Grand bien te fait ! » Il a peut-être raison, mais moi, dans mon Poitou, j'ai toujours entendu dire : « Grand bien te fasse ! ») Je n'aime pas les chocolats que tu aimes : trop riches, trop d'amandes, de fruits confits, que sais-je encore ! Je me souviens encore de ceux de Biarritz que je t'avais rapportés. Horribles !

C'était sympa notre déjeuner, non ? Parfois je me demande si nous nous aimerions si nous n'étions pas deux femmes célèbres. Qu'en penses-tu ? Ce n'est pas idiot comme question. Quoique, au fond, je m'en fous…

LA ROBE ! C'est à la fois ton ennemie et ton amie ; comme toi, elle a ses humeurs et ne se laisse pas imposer n'importe quoi, même par toi. La robe la plus belle est pour moi la plus dépouillée, la plus simple. C'est moi qui l'habite, pas le contraire : d'où mon goût pour les vêtements monastiques. Que voulais-je dissimuler derrière eux ? Ma taille qui n'est plus fine ? Sans doute, mais ce n'est pas une explication suffisante puisque quand j'étais toute mince je les recherchais déjà, comme pour mieux provoquer. Provoquer la curiosité, le désir de les enlever. ET JE LA VOUDRAIS NUE… as-tu écrit. Être nue, toute nue, en sueur, tout en sueur. Être prise par l'été, sentir la moiteur de mon corps, des corps…

Les corps me manquent.

Tout cela me rend triste, pardonne-moi de n'être pas gaie ce soir. Je t'aime.

Légin

> Ma douce,

« Femmes célèbres » ! Jamais je ne me suis posé cette question. Quand nous nous sommes connues, nous étions peu célèbres, à peine connues. Comme toi je m'en fous ! Et quand bien même, si je t'aimais parce que tu es célèbre, belle, jouisseuse et distante et différente et érudite (sur certains points !), si j'aimais ta dérision, tes moqueries, ta tendresse. Si je t'aime parce que je ne peux pas être comme toi et que ça me fascine et que ça m'amuse d'être à côté, pas pareille du tout et pas si dissemblable… sœurs jumelles, regard amusé, admiratif et doux.
Me barbouiller avec les mots, quelle image !
Les mots, je me les avale, je me les enfonce, je me les goûte, je me les torture. Je les détruis, les décale. Bonheur ! Excitée, troublée, je peux écrire ma page comme je respire. Désir d'inscrire ce que je vis.
Je lâche, je fouette, nue sur le cahier comme sous la robe, je provoque, je veux qu'on lise mon texte, qu'on enlève la robe pour prendre le corps qui se donne, qui attend, chaud, et attire en enroulant les bras, en caressant, en dégustant, corps mouillé prêt à recevoir, ouvert pour être pénétré, baisé.
Viens sur mon cœur, enlace-moi fort, serre jusqu'à ce que je craque, que je hurle. J'aime les roses de

jardin, les livres érotiques, les images du Kama-sutra, les baisers longs, profonds, le très bon vin dans un très grand verre, celui que tu bois sur mon ventre en me regardant dans le bleu des yeux.

Je me lâche, Régine, mais toi tu es mon amie, ma douce, tu as raison, je crois que le désir des filles fait peur aux garçons. C'est que les filles vont au plus intime, là où le cœur manque, l'acte d'amour, pour elles, est proche de la mort, du sacré, du divin, et, sûrement, ça les trouble. C'est Bataille qui a dit : « Il n'est pas de meilleur moyen de se familiariser avec la mort que de l'allier à une idée libertine. » Et la poésie ?

Je t'aime. Repose-toi bien. Écris-moi.

Sonia

56

Paris, le 18 juin

Aujourd'hui, c'est le jour anniversaire de l'Appel du
18 juin : un homme, Charles de Gaulle, a refusé la
capitulation de la France et s'est juré de combattre
pour sa libération. Par là, il a sauvé l'honneur de
notre pays. Quoi qu'il ait pu faire par la suite, on ne
doit jamais oublier qu'il a su dire NON.
Je t'aime.

Léguin

C'est le jour de la Saint-Jean. J'aimais lever haut mes jupes pour provoquer le désir des hommes en sautant le feu... Me reviennent les souvenirs de mes promenades à travers bois et champs dans ma campagne poitevine où j'errais durant ces courtes nuits de juin, affolée d'odeurs, espérant l'étreinte d'un faune ou à défaut d'un paysan... Comme moi, tu as remarqué que le désir des filles fait le plus souvent peur aux garçons ?

Légine

P.-S. : Je ne suis pas sûre d'aimer que d'autres que toi lisent ces lignes, du moins tant que nous ne savons pas ce que nous en ferons. C'est dur de se « lâcher » sous d'autres yeux.

« Ma douce », dis-tu… Je ne suis pas douce. Je me
sens féroce et cruelle. Les autres m'emmerdent, j'ai
envie de les effacer ; ils sont comme une pollution.
Si tu comprends ce que je veux dire, tu as de la
chance ! (« Chance » n'est pas le mot qui convient.)
J'emmerde les mots aussi, ils me fuient. Depuis que
je suis ici, je n'ai pas écrit une seule ligne. Je suis là
à te parler, et d'évoquer le livre en cours me serre le
cœur, l'angoisse m'empoigne l'estomac. Ne ris pas,
des larmes me piquent les yeux : je déteste… C'est
comme les autres, je les déteste et ils m'emmerdent.
Tous les autres ? Presque. Même toi, par moments,
tu m'emmerdes, mais toi, à la différence des autres,
je t'aime. Je t'ai regardée vivre et bouger ces
derniers jours passés ensemble. Toi, tu es douce et
harmonieuse et calme et patiente, tout le contraire
de moi.
Sonia, si forte et si fragile.
Sur la plage, tu fuyais le soleil qui, l'imbécile, ne
bronze pas tes jambes mais fait éclore leurs taches
de rousseur. Sous l'ombrelle blanche, vêtue de noir,
tu avais l'air d'une dame d'antan se protégeant du
soleil ! « Fais attention au soleil ! », m'as-tu dit en
partant. Seule dans la maison, vers cinq heures du
soir, je me suis allongée nue dans le jardin, attentive

à la morsure du soleil (c'est qu'il mord encore à cette heure, le coquin !). Mes doigts caressaient l'herbe verte. Autrefois, être nue dans l'herbe me donnait des idées érotiques et il n'était pas rare que mes doigts jouent avec autre chose que de l'herbe… Pourquoi autrefois ?

Mon portable sonne, c'est toi : tu es bien arrivée à Paris. J'entends ta voix, ton rire, comme ce matin quand tu te moquais de Jacques à qui tu trouvais une tête de « jeandormesson », les yeux bleus en moins. Tu m'as redit de faire attention, que j'étais importante pour toi, que tu avais besoin de moi… « Oh Sonia ! je t'aime », t'ai-je répondu.

Je relis ta dernière lettre… Je suis plus pudique que toi dès qu'il s'agit de mon corps, de ma nudité, de mon sexe, moi, la « pornographe » comme ils disent… Ils ne savaient pas qu'ils condamnaient pour outrage aux bonnes mœurs une nonne qui n'avait pas froid aux yeux, mais qui tremblait de peur, qui, au pied du mur, savait faire face, mais restait secrète sur ses désirs. « Tu posais nue, en ce temps-là », me diras-tu. Oui, et alors ? Je ne suis pas à une contradiction près et j'aimais mon corps. T'ai-je dit qu'à demi nue dans ma périssoire, sur la Gartempe, j'ai découvert que mon corps était comme une gifle à la face des femmes qui lavaient leur linge dans la rivière, ces méchantes femmes qui m'insultaient, me traitaient de putain, et une provocation à l'égard des pêcheurs à la ligne qui détournaient les yeux quand mon embarcation frôlait la leur. Je souris à cette évocation : ça me semble si proche alors que tant d'années ont coulé sous le Vieux-Pont… Je sais, tu n'aimes pas que j'évoque le temps qui passe, qui marque, qui abîme, qui détruit. « Mais, nous sommes les plus belles, n'est-ce pas ? » avons-nous l'habitude de nous dire en nous regardant dans les yeux quand nous parlons de ces choses qui fâchent.

Le soleil commence à décliner, le vent dans les
feuilles est plus fort.

Fera-t-il beau demain ?

« Et la poésie ? » Ce sera pour demain.

Demain est un autre jour. Je t'aime à deux mains.

> Régine,

Si drôle cette phrase : « Qu'est-ce que tu fais avec le chocolat ?
– Je le tripote.
– Tu tripotes le chocolat maintenant ?
– Oui je le tripote, le tricote, le caresse. »
Qu'est-ce qui me fait fondre devant le chocolat ? Ce noir bouffé d'amandes – avec cette couleur ravageuse qui me touche au cœur, ce goût somptueux, amer mais tendre – onctueux, qui fond dans ma bouche, se prélasse sous ma langue, tapisse mes papilles, me donne envie de me lâcher, de m'étendre sur un corps qui caresse, qui enduit, qui touche, me nourrit de mille et une caresses, me crible de mille éclairs enchanteurs, de souffles légers comme les rêves les plus fous.
Jamais le chocolat ne m'a déçue. J'en ai mangé de toutes sortes, des plus prestigieux que l'on achète un par un, comme des livres numérotés dans des endroits numérotés. Aux plus simples, ceux que l'on trouve aux étalages, partout dans toutes les rues, que j'appelle, moi, « les chocolats dégoûtants », parce qu'ils dégoulinent de crème, de noisettes, de marshmallow. Ils ont tous un quelque chose de sulfureux, de voluptueux, une odeur de soufre,

un « suivez-moi-jeune-homme », qui me trouble, qui m'excite.

N'oublie pas Régine que cette lettre n'est pas vraiment pour toi puisque tu n'aimes pas le chocolat, qu'il te fait des « petits plis » comme tu dis, qu'en plus tu détestes ! et je le déplore, ma mousse au chocolat, qui est aux dires du monde entier la meilleure que l'on ait jamais goûtée. Enfin je te pardonne, parce que tu es si jolie le soir, à la lumière des chandelles et que tu es ma plus douce et ma plus tendre amie.

Sonia

En voiture avec toi, nous parlons de tout. De Novalis, dont je cherche en vain un titre, de Colette qui te déçoit aujourd'hui (en tout cas *Chéri*), des enfants, de nos hommes, de nos amis, de nos amours, des cerises, de ces pêches pas mûres que je n'ai pas mangées et que tu m'as achetées hier sur le marché parce que je t'ai dit « j'adore ça ».

« À droite, regarde, Régine ! »

Un ovale rose, à hauteur du capot de la voiture, comme un dirigeable, gros comme un ballon d'enfant (c'en est un), qui flotte dans les airs et traverse la route sans se presser, goguenard, hilare devant les vélos, les voitures abasourdies.

Un moment de grâce, une bulle dans les airs, le Paradis.

Je t'envoie mille ballons roses.

Sonia

Ce slip de bain ne me disait rien qui vaille : trop juste, serrant l'objet de mes désirs avec violence. La mer d'ailleurs, trop calme par ce jour de plein soleil, n'avait pas aimé cet homme grand, bronzé, qui avait plusieurs fois essayé de mettre un pied dans l'eau, mais avait rebroussé chemin très vite comme si elle était trop froide ou trop chaude, trop verte peut-être. Et toi, là, allongée sur ma serviette, sous mon ombrelle, avec mon chapeau sur la tête, tu le trouves magnifique, tu t'exclames, tu t'esclaffes, « il ne me déplairait pas, regarde, il n'est pas si mal ». Là je te déteste, « pas si mal », l'horrible !

Régine, je t'adore quand tu fais ta sainte-nitouche. Jamais cet homme ne t'aurait emmenée en voyage sans idée de retour, jamais il ne t'aurait fait changer de vie, il est déjà fané, même s'il n'a que trente ans, plié même s'il se tient droit, il dort en marchant même si son regard paraît brillant. Jamais tu ne pourrais t'embarquer avec lui au fin fond du Colorado et faire les rêves les plus fous, les plus pervers, les plus érotiques, parce qu'il est plat, qu'il semble creux et surtout parce qu'il ne me plaît pas. Je t'entends t'esclaffer et me dire : « Tu as vu tout ça dans son slip ! »

Je t'aime quand même.

Sonia

Tes fax des 13, 14 et 15 juillet arrivent en vrac.
Comme nous sommes différentes, ma chérie !
Tu m'ennuies avec ton chocolat, mais je ne t'en
veux pas, tu en parles si bien. J'ai de la lecture de
Colette des souvenirs d'adolescence donc de
trouble. Ma relecture de *Chéri* ne m'a pas « déçue » ;
elle m'a émue, terriblement. Au début, j'ai été
gênée par le côté graveleux de l'histoire qui se
reflétait dans l'écriture ; héritage, sans doute, de
Willy et de l'époque. Qu'elle est belle et bonne et
sage cette « vieille » femme de cinquante ans ! Que
son amour pour Chéri est pur ! Tu te souviens que
ma fille se prénomme Léa à cause d'elle qui est
pour moi, avec la princesse de Clèves, l'exemple
même du véritable amour, c'est-à-dire l'abnégation
de soi. Je sais, cela ne me ressemble guère.
Pourquoi ne pourrait-on pas aspirer à ce qui nous
est contraire ?
J'ai eu des larmes en relisant ces pages et je sais
pourquoi. La vieillesse, Sonia, celle dont ni toi ni
moi ne voulons parler tant elle nous fait peur et
nous dégoûte.
Sonia, je voudrais que, dans cet échange épistolaire,
nous soyons l'une pour l'autre transparente jusqu'à
l'anéantissement, que nous ne nous contentions pas

de jouer avec les mots comme tu le fais si bien, comme tu aimes à le faire. Saurais-tu, inconsciemment, que les mots peuvent tuer aussi bien qu'une lame ?

Pardonne-moi, je suis lourde. Je suis habitée de tristesse depuis si longtemps, depuis toujours. Je ne m'habitue pas à vivre ; c'est si étrange la vie. Plus j'avance, plus le vivant me fascine. Je regarde le moindre insecte, la plus humble fleur comme des merveilles de la création et cela me donne le vertige, comme devant un abîme.

Pourquoi me détester pour avoir trouvé cet homme sur la plage « pas si mal » ? S'il m'avait entraînée dans les dunes pour me baiser, je n'aurais pas dit non. « Tirer un coup », comme ils disent, cela n'est pas pour me déplaire. « C'est bon. Merci. Adieu. » Pourquoi se compliquer la vie ? Le plaisir des corps, cela ne suffit-il pas ? S'il fallait attendre l'homme qui m'emmènerait au bout du monde sans idée de retour pour... Et puis merde ! je n'ai pas envie de disserter là-dessus.

Je te déteste.

Régine

Je ne me relis pas !

Tu écris comme j'aimerais écrire, sans tricher, sans mentir. Tu es juste, moi je me sers de tout, je suis menteuse, les mots, je me les fous en travers du corps, les persécute jusqu'à ce qu'ils plient et me fassent jouir. Je suis profondément double, narcissique. Je joue, je pourrais te dire que c'est mon métier qui veut cela. C'est vrai puisque je passe ma vie à tromper, à embobiner, à surprendre. J'invente chaque saison une femme qui doit séduire le monde. Je me cravache, je me sors des tripes tout ce qui peut m'aider.

Je ne suis ni douce ni harmonieuse, encore moins calme et patiente, je donne l'illusion. C'est la distance que je prends avec les autres. Peut-être suis-je seulement indifférente, pas intéressée, assez machiavélique pour faire semblant. On n'est pas complètement l'une ou complètement l'autre.

« Je ne suis pas douce », me dis-tu, je le sais, je le sens si fort, mais « féroce », « cruelle » ne sont pas les vrais mots. Tu es une femme, belle, qui erre à la recherche de mots pour tes livres, de mots pour tes enfants, ton mari, tes amis. Tu les détestes, tu les emmerdes, même moi. Heureusement, Régine, que tu es comme cela, c'est ce qui te permet d'inventer des histoires, d'être (comme tu dis) « une nonne qui n'a pas froid aux yeux », de te contredire, d'être un formidable écrivain, une formidable femme qui mène mille choses de front, une solitaire détournée, une qui part toujours. Voilà, cela est vrai, tu pars. Pourquoi ? Où vas-tu ? Que cherches-tu ? Toi ? Es-tu si pleine que tu penses te suffire, si remplie de cette grâce sublime qui fait que les autres (« pouf »… comme tu dis) ne t'importent pas (à certains moments) ? Penses-tu vraiment que le véritable amour est l'abnégation de soi, qu'il peut aller jusqu'au sacrifice ? Je pense, moi, que l'amour c'est le prolongement, l'étonnement, une folie à deux, caresses profondes inouïes, dévergondées. Je ne serais pas capable de me sacrifier pour l'autre. Être profondément malheureuse, sûrement.

Ce qui me chagrine, c'est que tu as l'air lasse. Je ne veux pas de cette tristesse qui t'habite « depuis toujours », dis-tu. Tu sais, Régine, que tu as une auréole autour de la tête (ne te moque pas) ; lorsque je te regarde, je vois ou je sens cette auréole comme si tu avais un pouvoir surnaturel, des ondes. Tu n'y peux rien. C'est ma vérité.

Tu veux que nous soyons « transparentes jusqu'à l'anéantissement ». J'adore cette phrase, elle est comme un pacte. Je te donne une goutte de mon sang, tu me donnes une goutte du tien. Nous sommes deux folles sérieuses, nous avons la

puissance, les mots, les rires, les souffrances, les désirs, nous détestons l'âge, nous le haïssons.

D'accord, nous sommes les plus belles, mais que d'efforts ! Je voudrais ne plus faire de régime, de gym, être une douce endormie au soleil, me laisser adorer, caresser, baiser, étirer mes jambes, les ouvrir, ma robe à fleurs fripée comme celle d'une poupée consentante, les bras au-dessus de ma tête avec le bleu du ciel.

Je ne te déteste pas pour avoir trouvé, sur la plage, un homme « pas si mal ». Non seulement je ne te déteste pas mais je t'envie. Je voudrais pouvoir m'envoyer en l'air comme ça, seulement pour le plaisir. Mais ça, je ne le peux pas.

Je t'aime.

Tu as raison pour Georges Perec.

Sonia

> Ma douce,

Tu n'es partie que depuis quelques jours et tu me manques. Quand tu es loin, j'ai l'impression d'être éloignée de moi.

L'autre matin, je me suis installée sur la terrasse pour prendre mon petit déjeuner. Il faisait doux, la journée s'annonçait belle. Je me suis assise et j'ai appuyé mes mains sur mes genoux légèrement écartés, les pieds bien à plat sur le sol. Je suis restée ainsi quelques instants. Brusquement, j'ai senti Lucie, ma grand-mère, prendre possession de moi. Alors, une vague de chagrin m'a submergée : je revoyais mon aïeule dans cette même position dans laquelle elle demeurait de longs moments, le regard lointain. Elle me paraissait vieille alors avec ses cheveux blancs relevés en chignon, ses vêtements noirs et ses mains – ses mains surtout –, déformées par les travaux de la terre et du ménage. Et voilà que je prenais la même position : était-je devenue vieille en dépit de mes cheveux roux, qui reste roux grâce à l'habilité du coiffeur ? Comme à chaque fois que je pense à elle, mes yeux se sont remplis de larmes. J'avais envie de me blottir contre elle, ce que je n'ai jamais fait car elle repoussait les effusions, redoutant sans doute l'émotion.

Aujourd'hui encore, ses caresses me manquent. Tu vois, je fais partie de ceux qui ne guérissent pas de leur enfance et pour qui elle semble si proche. Allons ! il faut chasser les fantômes, même celui d'une grand-mère chérie. Longtemps j'ai cru, quand son souvenir se faisait douloureux, qu'elle m'appelait, qu'elle voulait que je la rejoigne. Je murmurais alors à voix basse : « Attends encore un peu. »

Pardonne-moi, ma rousse, cette mélancolie. Ici, dans cette île, je suis souvent envahie de tristesse ; il paraît que cela est fréquent dans les terres entourées d'eau. Tout à l'heure, j'irai prendre un café et fumer un cigarillo aux Frères-de-la-Côte. J'aime cet endroit fréquenté, le matin, par les pêcheurs, les ivrognes, les retraités et les ouvriers du coin auxquels viennent se joindre les campeurs venus en voisins. De là, je domine la mer et le ciel immenses.

Je t'embrasse.

Je t'aime.

Légin

Tu me disais penser que l'amour est le prolongement, l'étonnement, une folie mais que tu ne serais pas capable de te sacrifier pour l'autre. Quelle belle franchise ! Tu ajoutais pouvoir « être profondément malheureuse, sûrement ».
Voilà, nous sommes seulement malheureuses. À quoi cela nous avance-t-il ? Je voudrais aimer dans la légèreté, savourer l'instant, ne pas penser à demain, fuir le quotidien, découvrir des pays lointains, y rester, en repartir sans regrets, avec seulement une pointe de tristesse. Me sentir protégée et cependant libre, oublier ma vie dans les bras de l'autre, être en apesanteur, sans passé, sans mémoire et sans avenir… Fumant un cigare, écrivant ces mots, je m'imagine à Cuba, à La Havane plus précisément, face à la mer grise et au ciel nuageux, un verre de *mojito* à la main, laissant la brise tourner les pages de mon livre… J'ai toujours été seule face à la mer. Tendresses.

> Ma chérie,

Ne m'en veux pas. Je pense fort à toi mais je suis si
mal qu'écrire m'est un supplice.
J'ai ton imperméable. Il me va très bien. Je crois
que je vais te le confisquer.
Je t'aime.

Légin

Égarée, perplexe, ce matin, les mots me manquent.
Je suis perdue. Il fait doux, calme, les arbres
bougent à peine, le soleil se fout de nous. Je suis
vague, déconnectée, paumée. Je n'écris plus, ne
travaille pas, pas de dessin, plus d'idées, arrachée de
ce lien qui ne me lâche jamais. Je m'enfonce. En
plus, il pleut. Mourir de douleur, cette merde de
pluie, saleté de rideau qui transperce mon corps. Je
hais le mouillé qui me colle, me gêne et m'empêche
même de penser. Le temps me ruine l'âme. Même
plus lire. Je relis *Le Bleu du ciel* de Georges Bataille
mais je n'y retrouve plus la force, la beauté
monstrueuse. Cela me semble sinistre, pleurnichard.
Pourtant, au début, une phrase : « Ces yeux
d'hommes troubles faisaient penser à des cigares
éteints. » C'est beau. Tu me l'as dit souvent : il ne
faudrait pas relire et, pourtant, j'aime reprendre un
texte qui m'a laissé une odeur de bonheur, un goût
d'exceptionnel. J'ai lu aussi *Brûlant Secret* de Stefan
Zweig (celui-là je ne l'avais pas lu) et, Dieu sait si
j'aime Zweig, le livre m'est tombé des mains.
Je n'ai envie de rien. Si : me retrouver dans une
voiture, partir deux jours, faire la fête à deux dans
un hôtel, arriver, me faire aimer, adorer. La
chambre est somptueuse, il y a des fleurs, des fruits.
Étendue, offerte, nue, dégagée. « Tu es si belle, me

dirait l'homme, si belle et bouleversante ; ne te cache pas, je veux voir tes yeux, tes seins. » Je ne veux rien cacher, c'est malgré moi.

C'est quoi la beauté ? « Que ferais-je sans elle ? » dit la chanson. Taper dessus. La beauté, elle vient de l'intérieur, la « beauté rayée », j'ai dit souvent, la beauté change, elle devient intelligence, séduction, émotion. Cela m'exaspère. La beauté, au moins, ne devrait pas changer. Installée, inscrite. Cette femme est belle pour l'éternité.

Nue.

Le temps toujours, qui tue, qui déraille, qui mine, qui ride. Chaque instant est temps. Retenir l'instant, l'amour longtemps, se perdre dans l'instant.

J'oublie, je t'écris, Régine, comme si je me parlais.

> *Brune, encore non eue,*
> *Je te veux presque nue*
> *Sur un canapé noir.*
>
> Verlaine.

Je t'aime.

Sonia

Je retourne ma veste, je n'ai pas peur. Chasser les fantômes, chasser les images. Si je me mets en position, le regard vague, les mains écartées, les genoux serrés, je suis sûre que le visage de ma mère va m'arriver, si net, si étrange, si interrogateur, que je vais me mettre à pleurer de rage de n'avoir pu l'empêcher de mourir, jeune encore, belle encore mais si détruite par cette salope de maladie. C'est sûr, son corps va se superposer au mien et je vais sentir s'abattre sur moi ses membres raidis, vieillis. Alors, Régine, chassons ces moments désespérés qui nous bouffent la vie mais qui la nourrissent aussi. Nous sommes faites de ces instants douloureux, d'autres plus heureux aussi. Ils font ce que nous sommes, ils ont fait que tu as ce corps-là, cette âme, ce caractère. Moi aussi. Ce que nous sommes devenues, nous le devons à tout ce passé. Lucie, ta grand-mère, mais aussi ta petite-fille. Tu vois ! Fanny, ma mère, mais aussi ma petite-nièce.
« À travers l'encens bleu des horizons pâlis »
(Mallarmé).

Je me balade dans le jardin, écorchant mes pieds sur les cailloux, cueillant mes roses, les fourrant dans mon panier, la tige en l'air. C'est un été pourri, le ciel est gris, seuls les arbres somptueux, superbes, marronniers qui m'écrasent, me sauvent : le catalpa qui s'arrondit comme un pin parasol, le ginkgo que je caresse chaque matin, le prunus couleur de vin chaud, les platanes sereins.

Sensibilité à fleur de feuille qui vibre au moindre souffle et me protège de la pluie. J'aime les arbres mais ils me font peur.

Depuis un mois, je traîne. J'avais décidé de relire des classiques, réparer l'irréparable, ce que je n'avais pas lu, mal lu, oublié. Tout me tombe des mains. Je n'écris pas, je ne dessine pas, je flotte. Suis-je à jamais perdue ? Qu'est-ce qui se trame ? Étrangère à moi-même, je ne me réponds pas. Assise sur mon lit, la tête vide, je me tâte, je caresse mon bras, pose mes mains sur la feuille. Fêlée. « J'écris pour me parcourir » (Michaux), je crois. Suis-je « sèche », ai-je tout dit déjà ? Non, passage suspendu, disparition.

Sais-tu que certains fruits sont aphrodisiaques ? Les cerises (par deux), la pêche très mûre, la figue, mûre aussi, qui fait saliver. En Italie, la *figa* c'est le sexe des femmes ; si l'on met des abricots sous nos jupes, les hommes se pâment, et si tu casses une noix, c'est une invitation. J'ignorais tout cela mais je vais immédiatement cueillir des abricots.

Je ne t'oublie pas.

Sonia

Boutigny, le 14 août

> Ma Sonia,

Me voici à la veille de mon anniversaire. Comme chaque année à la même période, je me sens mal.

Tout me paraît lourd et les enfants, comme les amis, ajoutent, malgré eux, à ce malaise.

Enfin, il fait beau et la piscine fonctionne. J'espère avoir la force d'en profiter.

Tu dois être en route pour Saint-Malo car personne ne répond à Tarla. Fais-toi « poupougner » en long et en large pour retrouver tes forces et affronter la rentrée, qui s'annonce, comme d'habitude, peu exaltante.

Je t'embrasse.

Légin

Boutigny, le 20 août

> Ma chérie,

Le mauvais temps est revenu. J'essaie d'écrire mais cela n'avance guère. J'ai peur par moments de ne pas pouvoir y arriver. « C'est à chaque fois comme ça », me dit Pierre. S'il croit me rassurer en me disant cela !... Je m'acharne à faire revivre des événements que tout le monde préfère oublier et qui n'intéressent personne. D'ailleurs, m'intéressent-ils vraiment ? Je n'en sais rien. Tout ce que je sais c'est que je dois terminer ce que j'ai entrepris, dussé-je en crever.

Va cueillir des abricots, ma belle, c'est une saine activité. Et si tu en trouves, glisse-les sous tes jupes pour qu'un coquin vienne les croquer. As-tu remarqué que les abricots sont de moins en moins bons ? Filandreux, ils sont. Ici, dans le jardin, ce sont les reines-claudes qui tombent comme à Gravelotte (lieu de violents combats contre les Prussiens en août 1870). Faire des confitures ? Oui, bien sûr, mais je n'aime pas la confiture de prunes. Et toi ? Je préfère celle d'abricots.

Laisse-toi flotter, cela détend les muscles et vide la tête. C'est ce dont tu as besoin. Pourquoi attendre des réponses aux questions que tu te poses ?
Tu n'en auras pas. C'est comme ça. Il faut te faire une raison. Garde-toi. Je t'aime.

Anéantissement. D'accord ! Se mettre à plat, se perdre, s'étaler sur le lit, se poser, sentir ses membres devenir lourds, pesants, jusqu'à la perte de soi. Je cesse d'être, j'examine les mêmes problèmes, je les passe au microscope, je resserre les mailles de plus en plus. Qu'est-ce qui me manque ? Pendant des années, j'ai désigné du bout du bras, la main pointée « c'est ça que je veux » ; « arrête ! » me disait Nathalie. Qu'est-ce que je veux ? J'écris, je dessine, je fais. Pour quoi ? Pour qui ?... Chaque saison, une image de femme collée à la vie, plaquée au quotidien. J'ai dû imaginer des aventures romanesques. J'avais bu peut-être ou fumé du hasch. J'étais irrésistible, ouverte et belle. Souvent, seule, assise sur mon lit avec mes cahiers, mes crayons, je me sens partir, l'encre court sur le papier. J'écris, exaltée, le temps ne compte plus. « Paradis artificiels », a dit Baudelaire.

Il m'est arrivé d'avoir des vertiges, d'être hallucinée, mes mains grossissaient, les êtres devant moi se déformaient, je voyais flou, je me tenais à ma chaise pour ne pas tomber. Ce n'était ni le vin ni le hasch mais moi seule qui me mettais dans cet état de transe.

Pendant des années – encore maintenant – j'ai vécu comme cela.

C'est le tribut à payer.

Pourtant, je n'ai jamais pu décider du moment de ces délires. Ils me terrassent comme ça, au hasard.

Tu vois, Régine, je suis folle. Folie douce, sûrement, mais avec des plages de délires, plus violentes, plus graves, qui, souvent, me laissent sans force, bouleversée par cette faculté que j'ai de me jeter vers ces jouissances perverses qui n'apportent rien de miraculeux et me laissent exsangue comme après un accès de forte fièvre. Petite, je délirais déjà.

Toute ma famille se pressait autour de mon lit, je hurlais de peur, ne reconnaissant personne et donnant des coups de pied à quiconque voulait s'approcher de moi. Je piégeais tout le monde, moi la première.

Était-ce un jeu ? Un besoin, un désir si fort d'être aimée, remarquée, préférée ?

C'est toi que je préfère, Régine.

Je t'aime.

Sonia

À l'instant, je reçois ta lettre du 20 août. Tu as peur de ne pas pouvoir y arriver. Je vis en ce moment les mêmes choses, je me pose les mêmes questions et les autres, autour de moi : « C'est à chaque fois comme ça. » S'ils croient me rassurer… Et si c'était vrai ? ne pas y arriver, rater, tout faux, tout nul. Je pourrais mourir. Tout me tombe des bras, c'est vrai que l'on se redresse, on repart, mais pourquoi ces plages de désespoir, de torture ? Torture, le mot est fort mais il est juste. Je me détruis pour aller au plus profond, à l'ultime partie de ma chair qui va me donner le mot, la couleur, la forme. Je ne sais plus. Tu me manques.

Sonia

Sais-tu que le mot d'ordre de la rentrée c'est l'*hédonisme*. Le doux, le tendre. On craque pour les massages, l'eau de source, les crèmes onctueuses, les huiles essentielles, le bien-être, s'enrouler, se draper, s'emmitoufler, se chouchouter ; couvertures de fourrure, fleurs en pétales de velours, superposer ses tricots, couleurs arc-en-ciel, manger bio dans les cantines « très mode » où le grand chic c'est d'être à la table d'hôte. Le nouvel objet « in » c'est le « bouddhours », mélange (craquant) d'un bouddha et d'un nounours. Il y a deux ans à peu près, j'avais craqué pour ce personnage insolite dessiné par un groupe, Resodesign, et je m'étais offert ce bouddhours malgré le prix exorbitant à l'époque. J'avais adoré ce symbole fou, spirituel et enfantin, d'autant plus que j'aime infiniment les bouddhas et les nounours.

Il n'empêche que je ne sais plus où j'en suis, perturbée, mal au cœur, anéantie par toutes ces robes, tous ces livres, cette rentrée plus dure que d'habitude qui ne me rassure pas, ne m'aide pas à me placer. Où sont mes espaces, qui dois-je provoquer, fasciner ? J'ai peur d'oublier mes repères. J'ai envie de déserter.

Je ne dois pas me plaindre, je n'ai pas le droit.

Et la poésie ?

Ces robes folles sont l'emblème
De ton esprit bariolé ;
Folle dont je suis affolé,
Je te hais autant que je t'aime !

Baudelaire

Je t'aime.

Sonia

> Ma chérie,

« Hédonisme » serait le mot d'ordre à la mode, me dis-tu ! Cela me paraît paradoxal. Jamais on a su si mal éviter la souffrance, jamais on a eu aussi peu de satisfactions, jamais le plaisir n'a été aussi éloigné de nous. On vit dans le malentendu, le non-dit, l'hypocrisie, la fausse liberté, l'inimitié, la course au profit, la calomnie, l'indifférence, le mépris, l'autosatisfaction, la peur de l'autre, l'inculture, le manque de curiosité, de générosité, d'abandon à l'autre, c'est le règne des fausses valeurs, des menteurs et des truqueurs. On n'en finit pas de chercher la vérité qui est, comme chacun sait, au fond du puits où bien peu prennent le risque de descendre. Et la trouveraient-ils qu'ils ne se risqueraient pas de la remonter, de peur, comme disait Pascal, de se faire haïr.

Je ne connais pas le « bouddhours ». Je ne suis pas « in » et je m'en fous. Tu parles souvent de la « démode ». Je suis pour la démode totale et cela s'accentue de jour en jour. Bien qu'un peu ridicule, ton mélange de nounours et de bouddha me fait penser à une pub que j'adore qui passait sur le petit écran : un couple s'arrête pour prendre de l'essence, le bambin, endormi, laisse tomber son jouet en peluche par la portière ouverte et la voiture s'en va. Le pompiste s'en aperçoit trop tard : gros plan sur son regard désolé. Vingt ans après, un séduisant jeune homme, à la carrure d'athlète, se sert à la même station-service et entre pour payer. Face à la caisse, il a un regard incrédule, puis émerveillé en regardant devant lui : « It's my rabbit », dit-il, « c'est mon lapin », précise-t-il. Gros plan sur un lapin en peluche posé sur une étagère, puis sur le même pompiste qu'il y a vingt ans avec quelques rides en plus, dont le visage s'éclaire d'un merveilleux sourire. Puis le jeune homme à la carrure d'athlète rejoint sa voiture en serrant contre lui son lapin. Cette scène me remplit de bonheur et d'émotion. Tant de choses sont dites en si peu d'images. Quel talent !

N'abandonne pas ! Sois à l'image de ce pompiste qui a conservé des années durant le lapin en peluche d'un petit garçon dans l'espoir de le lui rendre un jour.

Nos repères s'effacent et disparaissent comme les miettes de pain du Petit Poucet. Ce n'est pas une raison pour ne pas faire comme si on en avait encore.

Je t'aime.

Paradoxal, tu as raison ! C'est pour cela que je suis
mal, puisque je suis en même temps celle qui
écoute, qui reçoit ce que l'on appelle les
« tendances », les « mots d'ordre », que je dois en
tenir compte puisque je traduis un « mode de vie »,
j'écris une « manière d'être » et que... je suis
détruite par toutes ces souffrances, ces
indifférences, ces manques qui me bouleversent
puisque je suis la première à en souffrir.
La « démode », Régine, c'est faire la mode par
rapport à soi, à son corps, c'est trouver son image,
c'est s'inventer. Ce n'est pas aller contre la mode.
J'adore cette pub « It's my rabbit ! », je pourrais me
la passer en continu. N'aie pas peur, je
n'abandonne pas, je suis déboussolée. Mais, je te l'ai
dit, je ne dois pas déserter et me laisser démonter
par tous ces malentendus, ces fausses valeurs.
Je résiste.
Léa était bien belle hier.
Travaille bien, ne m'oublie pas.
Je t'aime.

Sonia

Paris, le 12 septembre

Putain de merde ! Ça me taraude tout ça !
Tout ça, c'est la vie, c'est Dieu, c'est la mort qui se
bousculent en moi, qui m'obsèdent et me tordent la
tête et le cœur. Je veux comprendre. Je veux
connaître. Je veux savoir. J'envie ceux qui vont sans
se poser ces questions ou qui réussissent à les
écarter. Moi, je n'y arrive pas.
Je me suis réveillée tout à l'heure en larmes parce
que j'avais la certitude que Dieu n'existait pas. Et
son inexistence me faisait pleurer et me faisait lui
adresser des prières. Le comble de la connerie, j'en
conviens.
Claire a dit : « Lâchez-vous ! »
Je voudrais me débonder, me vomir. L'absence de
Dieu m'envahit et la mort l'accompagne.
Pardonne-moi, Sonia, je ne peux pas t'écrire les
choses douces et légères dont tu as besoin, que
j'aimerais te donner, dont j'ai tant besoin moi-
même. Je suis dans la haine de la vie car je n'en
comprends pas la raison, la finitude. Je n'arrive pas
à accepter cet état, je me débats comme un animal
pris dans un filet et je m'épuise à cette lutte.
« Dieu, c'est le mal ! » s'écrie Proudhon. Mais si
Dieu c'est le mal, par cette affirmation il reconnaît

son existence ! Pourquoi n'a-t-il pas dit que « l'idée de Dieu » c'est le mal ?

Tu vois où j'en suis, dans le chaos le plus total.

Encore une fois, pardonne ma lourdeur.

Ne réponds pas. Il n'y a rien à dire. Que des clichés, du déjà-dit.

Rien ne sert à rien.

Je ne relis pas ces conneries.

Tendresses.

> Régine,

Je ne réponds pas.

Pourtant j'ai besoin de choses douces, tendres, mais si par moments je les reçois, je ne peux les accepter parce que rien ne va, tout s'écroule, se dilue.

Toute ma vie je me suis levée le matin, tôt, très tôt, j'attrapais mes cahiers, mes crayons et j'inventais l'histoire.

Un bonheur.

Bien sûr, rien n'était vraiment rose mais je passais par-dessus, j'étais plus forte. Aujourd'hui, je me réveille abattue, la peur au ventre, la vraie, celle qui te fait douter.

Dieu, dis-tu !

Stendhal dit : « La seule excuse de Dieu c'est qu'il n'existe pas. » Il n'existe pas ou « Dieu, c'est le mal ! ». Alors où sommes-nous ? Je n'ai jamais été proche de Dieu (si souvent il nous a abandonnés). Je sais que c'est une conversation complexe et lourde mais je veux bien en discuter plus tard. Aujourd'hui, je me débats, couverte de mes tissus fleuris, je raccourcis, je rallonge en me posant des questions existentielles. Entreprise diabolique, conneries, mais cinq cents personnes dépendent

de mes élucubrations, de mes états d'âme ou
de mon chaos.

Je suis là. Je t'embrasse.

Sonia

> Petite fille,

Tu m'as fait peur, je n'ai pas aimé ta voix ce matin au téléphone.

Il y avait tant de tristesse, de lassitude, d'angoisse. Ce n'est pas toi. Ou plutôt c'est une part de toi dont je ne veux pas pour toi parce que je t'aime, et que cela te fait mal. Cette part mauvaise est tapie en chacun d'entre nous, elle attend son heure, le bon moment pour nous envahir. Sois la plus forte. Je sais quand elle est là, elle nous laisse sans forces, sans pensées, le cœur au bord des lèvres. Mais, toi comme moi, nous sommes de taille face à elle. Tu entends : c'est *toi* la plus forte, la meilleure, la plus belle… la plus aimée.

Voilà, c'est bien, tu t'es un peu redressée : Sonia, encore un effort !

Je t'aime.

Tu vas me trouver sotte : mes yeux se remplissent de larmes (ce n'est pas une image) devant mon ignorance en général et celle, en ce moment présent, de la philosophie. Bien sûr j'ai lu, un peu, Platon, Lucrèce, Socrate, Spinoza, Descartes, Nietzsche, maître Eckhart, Pascal, Kant, Alain, Hegel, Sartre, Camus, Bourdieu, Marx et quelques autres, tout cela dans la confusion d'un esprit désordonné. À chacune de mes lectures, j'étais émerveillée, fascinée par tant d'intelligence et... humiliée de ne pas être à la hauteur. J'abandonnais alors le livre pour aller vers un autre, un roman en général, plus facile. Pourquoi je te raconte tout ça ?... Je viens de lire un texte de Michel Onfray (dont j'ai survolé quelques livres) dans un vieux numéro du *Nouvel Observateur* : « Pourquoi je quitte l'Éducation nationale ». C'est intelligent, c'est engagé, c'est généreux. Il fait un constat sévère de cette Éducation nationale « faite de petits chefs et de frustrés qui n'aiment ni les élèves ni la transmission du savoir, eux qui célèbrent exclusivement l'ordre, la hiérarchie, la discipline, l'autorité, la soumission. Ils parlent création de la personne, fabrication de la liberté, structuration de l'autonomie, initiation à la responsabilité, et pensent cahiers de textes, contrôles des présences, billets d'absence, avertissements, colles, conseils de discipline, interdiction de redoublement. Ils prétendent former des individualités, en fait ils jouissent de produire des domestiques qui leur ressemblent ». Courageux, non ? J'adhère entièrement à sa « profession de foi » : « **Je souhaite rendre ce que j'ai reçu, donner ce que j'ai obtenu des livres, de la connaissance et de la culture : une existence à laquelle je n'ai rien à changer.** » L'orgueil perce sous cette dernière phrase. Michel Onfray a créé un séminaire libre à Caen, inspiré par l'esprit des universités populaires qui virent le jour à la fin du XIXe siècle. J'ai envie de m'y inscrire. J'ai envie, mais je ne le ferai pas, par flemme, fatigue, à cause de mon emploi du temps, de la distance, que sais-je encore. Le séminaire sera consacré à la philosophie hédoniste ; tout pour te plaire. Non ?

Sais-tu ce qu'est la *maïeutique* ? Moi, je ne savais pas. Vite, j'ai consulté ma « bible », le *Larousse du XIXe siècle* : « (gr. *maieutikê*, proprement art des accouchements ; de *maia*, sage-femme.) Philos. : Méthode de dialectique qui était familière à Socrate, et qui consiste à amener son interlocuteur, par une série de questions, à affirmer lui-même ce qu'on veut lui prouver. » Et dans le *Grand Robert* : « Méthode par laquelle Socrate, fils de sage-femme, disait "accoucher" les esprits des pensées qu'ils contiennent sans le savoir. »

Je te laisse pour ce soir. Je dois écrire mon « Pêle-Mêle » pour *L'Humanité* à propos de la censure.

Je ne me relis pas.

Tendresses.

Paris, le 23 septembre

> Régine,

Qu'est-ce que je défends ? Ma vie.

La tête haute, je vais gagner le match.

Je ne bouge pas. Tiens-toi tranquille, ô ma peur !
Fous-moi la paix, va taper ailleurs. Je ne te hais
point, je te vomis.

Je vais arrêter de me plaindre, je vais lui faire
l'amour à cette putain de collection, je vais
l'attacher, l'ouvrir, la surprendre, je vais l'étaler sur
mon canapé jambes ouvertes, sourire aux lèvres,
peindre mes ongles de rouge, maquiller mes yeux,
déballer mes armes et la faire sortir sur le podium
comme une déesse emballée, chavirée.

Autour, la foule, les parfums… parlons-en !

Est-ce que j'aime les parfums ? Le nez me manque
souvent, je ne suis pas foutue de les reconnaître –
même les miens, souvent je me trompe. Ça me
trouble de me poser sur la chair des gouttes de
« sent-bon », le rose à droite, l'orange à gauche et le
bleu derrière les cheveux. Mélange bizarre, osé,
effronté, sensation délicieuse, je vais me faire
reluquer, caresser, repeindre. Je pourrais sangloter
de joie à côté de ces pots de maquillage, ces crayons
et ces flacons qui portent mon nom.

Est-ce que j'ai rêvé d'être une marque ? De ne plus avoir de nom propre ? « SR » ça n'est pas moi, c'est l'entreprise. Tous les jours il arrive des lettres, des paquets qui ne me sont pas destinés mais libellés à mon nom.

Je voudrais être une ACTRICE.

Je t'embrasse, je vais travailler.

Sonia

Aujourd'hui, c'est l'automne.

Ta vie, garde-la bien. Tu vas gagner. Je sais que tu ne peux pas me décevoir.

Je pars demain matin pour Alger où je reste quatre jours. À mon retour, je te raconterai.

Tout se bouscule autour de moi. Je vis dans le désordre et la fatigue. Je sais, ce n'est pas nouveau.

Il faudrait que je me calme.

Je bois un Coca-Cola. Je n'aime pas ça.

1 000 baisers.

Léyin

Paris, le 1ᵉʳ octobre

> Régine,

J'adhère à cent pour cent à Michel Onfray. Depuis longtemps j'aime cet homme. Il y a deux ou trois ans, pour *Le Figaro*, j'ai illustré un texte qu'il avait écrit sur l'orgueil.

Courageux ce qu'il dit, vrai, intelligent. Si j'avais le temps j'irais aussi à Caen suivre ce séminaire consacré à la philosophie hédoniste, ce qui n'est pas pour me déplaire, tu le sais.

Comme toi je ne savais pas ce que voulait dire « maïeutique ». Lorsque j'ai lu cet article j'en ai cherché le sens dans mon Larousse. Depuis, comme Socrate, j'essaie d'accoucher les esprits de mes robes, sans qu'elles le sachent (une vraie partie de cache-cache !).

Sotte, jamais ! Ton ignorance (philosophique) me semble presque classique et les noms que tu dis avoir survolés, Platon, Lucrèce, Spinoza, Nietzsche, etc., ce sont les mêmes qui font partie de ma vie. Ça n'est pas simple de se plonger dans ce genre de bouquins.

Comme le dit Dostoïevski, « je choisis toujours des sujets qui sont au-dessus de mes forces ».

Nous avons brûlé tant de moments, donné tant de passion, alors nous avons gagné la liberté d'être

insolentes, de nous dissimuler derrière ces pages ou ces tissus. Je refuse de me laisser démonter, je me pose dans le rêve, je suis en péril, je le sais. On peut débattre longtemps de ce que devraient être le roman, la robe. Est-ce uniquement le désir ou la nécessité d'écrire, de couper ? Une débauche de mots, de fils, ou le plaisir, le vrai, le bon, le doux, le délicieux plaisir de faire ce qu'au fond nous aimons passionnément. Nue devant la feuille, nue devant la robe. Est-ce un roman ? Un costume ? Ou une course éperdue contre le temps ?...

Il faut rendre sa copie. Tu ne peux pas négocier. En anglais on dit la *deadline*.

Je t'aime.

Sonia

P.-S. : Comme le dit Nietzsche, « il faut avoir une musique en soi pour faire danser le monde ». Et toi, ma douce, tu fais danser le monde.

Dimanche, rue de Buci, le 5 octobre

> Ma douce,

J'ai travaillé toute la journée à mon « Pêle-Mêle » et toi, je pense, à ta collection.

Nous sommes de braves petites abeilles. Nous faisons notre miel avec nos tripes. Le vilain mot ! Non, il est trivial mais exprime bien ce que je veux dire. Tu ne trouves pas ?

J'ai allumé un petit cigare. Je fume en buvant un jus de pamplemousse.

C'est ma nouvelle boisson.

À propos de la censure qui sévit ces temps-ci, j'ai relu quelques pages de mon journal tenu en 1968 : c'est confondant de naïveté et de sottise. À cette lecture, je me suis rendu compte que je n'avais rien compris ou, du moins, que je n'avais pas su le dire. Ma grande affaire à ce moment-là, c'était mon amour pour Jean-Jacques, ma fatigue (déjà) et mon ennui. J'ai dépouillé les articles que la presse de l'époque consacrait à mes démêlés avec la censure : c'est atterrant ! On a l'impression en lisant les journaux de maintenant que rien n'a changé : les mêmes éditoriaux, les mêmes commentaires.

On n'apprend donc jamais rien ?

L'autre jour, à l'inauguration de tes boutiques, je t'ai trouvée lointaine. Non pas vis-à-vis de moi, mais de tout ce qui t'entourait. J'avais l'impression que tu t'éloignais, que tu n'étais pas concernée. Je me trompe ?

Demain, je serai là pour applaudir ta nouvelle collection. Elle sera réussie, je le sais.

Je t'aime.

Régis

Je te le disais l'autre fois : on n'apprend jamais rien.
Tu me parles de censure, je te parlais de politique.
On recommence et on redit, on s'épuise. Il faut dire
tellement pour faire changer un brin, c'est aussi
pour cela que par moments je ne veux plus rien
entendre.

1968, Jean-Jacques ? Moi je ne comprenais rien à cet
amour. Normal sûrement, ce n'est pas parce que
l'on aime un être que l'on comprend ce qui se
passe en lui. Malgré l'admiration que j'avais pour
l'éditeur, l'homme me semblait inconsistant,
enfantin. Enfin il n'était pas « mon genre ». Et puis,
je te sentais malheureuse.

Tu m'as trouvée lointaine, l'autre soir, c'est vrai. Je
m'éloigne pour essayer de comprendre ce qui se
trame dans le monde, dans le mien en particulier et
dans le monde en général. Je vis une période
difficile. Mon métier évolue vite, c'est une sorte de
mécanique qui tourne à mille à l'heure, qui détruit,
qui exagère, qui emporte. Sans états d'âme, il
avance, posé sur son ordinateur, tapant là où ça
l'arrange, je suis obligée de lui courir après, ce qui
me laisse exsangue…

Je t'aime.

Sonia

Paris, le 15 octobre

Ouf ! Je viens de terminer deux textes : un au sujet
du général Buis qui fait l'objet d'un colloque, fort
mal organisé, et une préface pour le catalogue
d'une exposition de la photographie cubaine
organisée par la Fnac. Je suis heureuse d'en avoir
fini. Je dois maintenant m'atteler à reprendre une
histoire promise pour l'association un Toit pour toi
(je crois que c'est là son nom) et avoir une idée
pour mon prochain « Pêle-Mêle ». Toutes ces
« broutilles » bouffent mon temps. Quand me
remettrai-je à mon roman ? Pour toi, la collection
est passée. Le plus dur, peut-être, reste à faire. Cet
aspect de ton travail, laisse-le à d'autres. Toi ton
boulot, c'est de créer, le reste c'est l'affaire des
« commerciaux » comme on les appelle.
Tu me dis que Claire aime bien notre échange.
Venant de sa part, c'est plutôt bon signe : c'est
qu'elle n'est guère indulgente, la Bretèche. Elle a
été surprise aussi, dis-tu. Nous aussi, reconnais-le.
Je ne sais pas ce qu'il en est pour toi mais, en ce qui
me concerne, je voudrais être au plus près de moi,
de ma vérité. Être sans fard, transparente,
vulnérable et cependant être aimée. Toi, tu aimes à
te draper dans les mots, à te cacher derrière tes

robes noires, à rejeter le naturel. Fais attention, il paraît qu'il revient au galop et tu risques de te retrouver les quatre fers en l'air. J'aime bien cette expression.

J'espère que demain nous déjeunerons ensemble. Ne m'oublie pas !

Régi...

> Ma douce,

George Sand ?

Dans ton « Pêle-Mêle » aujourd'hui : « Laissez
verdure ! » dit-elle.

Sais-tu que cette femme étonnante a inspiré les plus
grands noms de la littérature, Flaubert *(Un cœur
simple)*, Renan, les sœurs Brontë, Dostoïevski,
Tourgueniev, et d'autres auteurs russes. Surtout, son
œuvre fait partie des premières lectures de Proust et
peut-être (sûrement même) a fait naître un passage
célèbre. Dans *Histoire de ma vie* : « Ma mère me dit :
"Respire les liserons, cela sent bon le miel, et ne les
oublie pas." Et depuis, je ne respire jamais des fleurs
de liserons sans voir l'endroit où j'en vis pour la
première fois. » Et plus tard : « Cette faculté
précieuse qui m'est donnée de rattacher à certains
objets la vision nette de certains moments écoulés. »
Cela te rappelle une certaine madeleine ?

Elle a ouvert la voie au féminisme, faisant fi des
préjugés, se moquant de ceux que cela choquait,
elle fut une pionnière, un écrivain engagé
demandant l'égalité des femmes avec les hommes
tout en reconnaissant leurs différences. Elle était
enthousiaste, anticonformiste, drôle, chaleureuse et

se fichait du « qu'en-dira-t-on ». Sensuelle, dans ses lettres elle parle de la folie de ses nuits.

C'était une séductrice, une passionnée, adorant la nourriture elle préparait des tables somptueuses, des « tables à mourir de rire » comme elle disait, table mondaine ou rustique, table lourde usée par le temps et table émotion.

Elle détestait la solitude et adorait les enfants.

Angoissée, contradictoire, audacieuse, étrange, elle fut une pionnière et comme tu le dis – George Sand au Panthéon – pourquoi pas ?

Je t'aime.

Sonia

P.S : Je répondrai plus tard à ce que tu appelles « le naturel ».

Qui, de nous deux, connaît le mieux l'œuvre de
George Sand ? Rassure-toi, ce n'est pas un piège,
pas entre nous. Quoique... par moments, je ne
déteste pas de te prendre en flagrant délit
d'exagération, dans un domaine ou dans un autre...
Comment, quand on est écrivain, peut-on détester
la solitude et aimer les enfants ?
Tendresses,

Régis

Tu ne connais pas tes classiques, ma douce, je te l'ai toujours dit.

« Tu aimes à te draper dans les mots, à te cacher derrière les robes noires, à rejeter le naturel. Fais attention, il paraît qu'il revient au galop », me dis-tu dans ta lettre du 15 octobre.

Si tu avais bien lu *Et je la voudrais nue,* tu saurais que je dis « le naturel, non je n'en veux pas, je veux l'anti-, le sur-, le dé-naturel. Chassez le naturel, chassez-le bien il ne reviendra pas. Moi je l'ai détruit une fois pour toutes, un jour où je ne me plaisais pas. Il était là, énorme, sans bouger, me regardant droit dans les yeux, un naturel sans désir, sans passion, un naturel nature. Je me suis battue, il s'était installé, avait décidé de mon visage… » C'est très ambigu.

La transparence, le « sans-fard », ça n'est pas le naturel. C'est un travail sur soi. Pour être transparente, il faut se retirer, se dépouiller, organiser. Ça n'est pas ta vérité, tu n'es pas faite de cette chair « vraie » qui, elle, est déjà remplie de mille traits.

Je comprends ce que tu veux dire. Mais tu es ce que tu es. Pas plus naturelle parce que tu imagines être naturelle. Le naturel n'existe pas.

Fais attention, tu risquerais, sous prétexte
de naturel, de te retrouver les quatre fers en l'air.
Je t'aime.

Sonia

Paris, le 27 octobre

> Régine,

À quoi je crois ? Je suis confuse, je me perds. Je n'ai pas de choix. Accepter ou mourir. Ce qui se passe me dépasse. Ces drames, jour après jour, on les attend, on écoute, on s'indigne, on dit « c'est impossible ! » et puis on passe à autre chose. Tout devient banal. Le monde est fou. Créateur, tu ne peux rien construire sans avoir détruit. Mais le monde n'est pas la création. Que puis-je faire, que pouvons-nous faire ? Ne pas se poser de questions. Continuer…
Je ne sais plus.
Je t'aime.

Sonia

Va ton chemin, ma douce, ne te retourne pas, sous peine d'être changée en statue de sel !

Le monde est fou, ce n'est pas d'aujourd'hui.

Si, posons-nous des questions en sachant que nous n'aurons pas de réponse. Continue...

Avancer, c'est ta force.

Je t'aime.

Me suis-je déchirée si profondément ?

Cette douleur qui s'acharne, je la hais. Je veux du plaisir, fermer les yeux, jouir de ce jour sombre, pluvieux mais proche, humain. Me laisser aller dans la douceur des plis, ne pas être perdue.

Lever la tête, le corps droit, « sois sage, ô ma douleur, et tiens-toi plus tranquille »... Étonnée elle s'en va.

Recommencer le processus, appliquer la méthode, une idée, une image, une couleur. Qu'est-ce qui s'imprime en moi en ce moment ? Je suis dans le flou, pas contente, en rage d'être aussi vide. J'ai mille choses à faire : la collection qui redémarre, finir ce livre commencé il y a deux ans. Écrire *Lola*, *Hortensia*, travailler les assiettes pour MK2, faire des dessins, la Sainte-Catherine, les interviews, la télé, prendre soin de moi, des enfants, de la maison, déjeuner avec toi, te parler, lire...

J'accuse le monde entier de me mettre hors de moi. Les États-Unis, avec ce président mégalo, le drame israélien et palestinien, l'injustice, mon incompétence à aider tous ceux qui me le demandent, les problèmes écologiques, les fausses publicités, les pétitions signées qui ne servent à rien, les fous qui lancent des virus dans les ordinateurs, rappelle-toi « I love you ». Les attentats ignobles, atroces. C'est monstrueux.

Je vais me mettre à l'ombre, mentir à mon aise, au moins je pourrai jouir, inventer, enfermée dans ma chambre, parler en sourdine, utiliser des tissus sombres, barrer l'éclatant, le rutilant, m'enrouler dans l'obscur, le ténébreux, la beauté des faux noirs, des faux gris, la lumière de la lune (une femme au clair de lune qui entrouvre doucement son corsage).

Sais-tu qu'on surnommait Pluton « le roi de l'ombre » ? Il me revient en mémoire ce texte de Tanizaki *Éloge de l'ombre* où il explique la valeur des contrastes, la beauté d'une pièce d'habitation, dont la lumière est produite par un jeu d'opacité, de pénombre, la flamme des bougies qui donne une allure irréelle. Le merveilleux d'une pierre de jade étrangement trouble, le cristal opaque, l'ourlet défait, l'ombre passionnante qui se joue sous les robes et les pantalons.

L'ombre qui estompe, dissimule, cerne, embellit, l'ombre qui me comble parce qu'elle m'enveloppe et que je me sens plus intéressante, plus séduisante, plus forte, dans une pièce sombre.

Dans le livre de Pascal Quignard, *Les Ombres errantes* : « Quand je suis las parfois d'errer dans la forêt des pinceaux et parmi les ruisselets des encres, je pose le chapeau carré, je quitte l'odeur des vieux livres. Ma main s'insinue sous le pantalon de soie. Je ferme les yeux. Les larmes du dieu jaillissent. J'approche mes narines de l'odeur du Jadis. Voilà la vie que je mène. »

Je trouve ça magnifique.

Je t'aime.

Sonia

Paris, le 19 novembre

> Ma chérie,

Il ne faut pas accepter la souffrance, il faut la combattre avec toutes les armes dont nous disposons. Je n'aime pas que tu souffres, cela ne te sied pas. Je te veux forte et triomphante. Rassure-toi, tu caches bien ton jeu. Bien malin celui qui pourrait déceler ton mal ; c'est là une de tes coquetteries.

Le temps gris de novembre n'a rien de ces faux gris qui enchantent les peintres des ciels parisiens, celui-ci est pesant, inquiétant ; on dirait qu'il cache une sourde menace. La croix du clocher de Saint-Germain-des-Prés se détache, noire, plus hostile qu'apaisante. Nous sommes dans les jours les plus courts de l'année. Le week-end dernier j'ai revu mes parents : comme ils sont vieux et fragiles ! Si tu savais comme j'ai peur pour eux et comme je ressens celle de mon père à l'approche de la mort ! Je sais que chaque soir, il s'endort en craignant de ne pas se réveiller le lendemain. Le matin quand je me lève, je redoute la sonnerie du téléphone. Je sais qu'un jour, l'un d'eux m'annoncera la disparition de l'autre et que je serai alors démunie. Sous leurs rides et leurs cheveux blancs, je vois se dessiner leur tête de mort, je vois mon visage dans vingt ans et cela me dégoûte et me fait peur à la fois. Je n'aime pas la vieillesse, cette vengeance des dieux envers les pauvres humains que nous sommes. Quel crime avons-nous commis pour être punis de la sorte ? Celui d'être nés ?...

Depuis quelque temps, je regarde avidement la vie autour de moi, la splendeur de l'automne dans mon Poitou, les reflets de la Seine, les colonnes du Louvre, la tour Eiffel prise dans le brouillard, les amants qui s'embrassent à pleine bouche, la fontaine de la place Saint-Sulpice... et cela me fait mal. Pour la première fois, je me rends compte qu'un jour, je ne verrai plus tout ça, tout aura disparu pour moi. Alors les regrets et la tristesse m'envahissent. La mort vois-tu, c'est ne plus contempler Paris. Pour me consoler, je fredonne : « Ciel de Paris, la vie au fond n'est pas méchante... »

Comme à chaque fois que mes pensées sont mortifères, ces vers de Baudelaire me reviennent en mémoire :

> *Bientôt nous plongeons dans les froides ténèbres ;*
> *Adieu, vive clarté de nos étés trop courts !*
> *J'entends déjà tomber avec des chocs funèbres*
> *Le bois retentissant sur le pavé des cours.*

Tout l'hiver va rentrer dans mon être : colère,

Haine, frissons, horreur, labeur dur et forcé

Et, comme le soleil dans son enfer polaire,

Mon cœur ne sera plus qu'un bloc rouge et glacé.

Je te serre sur mon cœur avant qu'il ne gèle.

Légine

> Ma douce,

J'aurais voulu être un peintre ou un photographe de talent pour représenter la scène de l'autre jour. Rappelle-toi : j'étais passée à la boutique et l'envie m'a prise de t'embrasser. J'ai appelé ton bureau, tu m'as dit de monter. Quand je suis entrée dans l'atelier, tu étais assise entourée de jeunes hommes qui présentaient sur le sol des vêtements masculins tous de couleur noire. L'endroit était peu éclairé et le noir des murs, de la moquette, de tes habits et de ceux des garçons avait quelque chose de fantomatique. Tu régnais sur tout cela, pâle, lasse et rousse, avec douceur. L'ensemble était mélancolique, très beau. Ta fragilité m'a frappée, ta solitude aussi. J'aurais voulu te protéger, te dire des mots tendres, légers, mais je n'ai pas osé. Je t'ai embrassée et suis repartie très vite. Une fois dehors, je me suis reprochée de ne pas t'avoir arrachée à tout ce noir qui te mangeait, t'effaçait. C'était pourtant ton univers, celui que tu avais créé, ta couleur, celle que tu revendiquais. Alors, pourquoi ce malaise ? Il y avait quelque chose de funèbre dans ce tableau.

Je marchais. La rue était sombre comme mes pensées. C'était bientôt Noël et mon cœur n'était pas à la fête.

Protège-toi, Sonia, je t'aime.

Encore une nouvelle année. Nous l'avons
commencée ensemble et cela est bien. Qu'elle te
soit douce et prospère et voie nos liens se renforcer.
Tu as supporté plus vaillamment que moi ces
festivités obligées, avec gentillesse et sourire. Ma
fatigue, réelle, a été pour moi un alibi. Pourtant,
ceux qui étaient là m'étaient chers ; je n'avais rien
à leur dire, je m'ennuyais.
J'ai commencé à tenir mon journal de l'année.
Malgré le surcroît de travail, cela m'amuse. J'ai hâte
de me retrouver devant ma table de travail pour
reprendre mon livre.
Je t'embrasse.

Paris, le 13 janvier

> Tu me manques.

Les premiers jours de cette nouvelle année ont été
bousculés. J'ai passé mes journées à écrire des
centaines de cartes de vœux illustrées par Wiaz et à
répondre à celles que nous avons déjà reçues. Je
tiens à cette tradition des vœux, ce qui ne manque
pas de faire sourire autour de moi. Aujourd'hui,
je me remets à mon roman. Tout d'abord, relire les
cent pages existantes ; j'espère que je ne serai pas
trop déçue.
De ton côté, travaille bien
Mille baisers.

Je ne peux brûler ce que j'ai adoré et partir adorer
d'autres dieux.

Lorsque l'on demanda à Aragon (l'historien)
comment on écrit l'histoire, il répondit « il faut
l'inventer ». J'ai inventé mon histoire, j'y ai trouvé
ma forme, ma liberté.

Pourtant aujourd'hui, j'ai plus de mal à dessiner,
écrire, imaginer. Aussitôt que j'ouvre un cahier, mes
yeux se ferment. Qu'est-ce que je ne veux pas voir ?
Est-ce que l'on me cache quelque chose ? Dois-je
tout oublier, perdre pour récupérer ? Laisser filer ce
que je sais et devenir une autre ? Remettre à plat ?

Une bonne nouvelle ! Ce matin le gouverneur de
l'Illinois a changé d'avis sur la peine de mort.
Abolie. Bravo, c'est courageux ! Une deuxième
nouvelle ! Pour les arthritiques, un traitement qui
métamorphose le malade. Maxime Dougados
(le médecin) estime que c'est toute la rhumatologie
qui est ainsi boostée. Effets secondaires ?...

Par contre, nouvel arrivage de boulettes en
Gironde, quelle honte !

J'ai décidé de tenir un journal. Jamais je ne l'ai fait,
il me faut un cahier... Ne me dis pas « les mauvais
ouvriers... » et surtout que j'ai des cahiers. Oui,
mais pas pour un journal !

Il y a des gestes qui me bouleversent : caresser la tête, prendre la main, m'accrocher à un bras, me blottir.

Les gestes charnels.

Quand j'étais petite, mon père me frôlait la joue et m'appelait « ma poule ». Aujourd'hui, j'adore les gestes violents, les fortes étreintes. J'aime sentir l'étau se resserrer autour de moi, ne plus voir, ne plus entendre, juste ressentir. L'émotion me soulève, m'excite, me tourne la tête. Juste le corps, infiniment, le faire vivre, le faire jouir, lui donner place, le laisser taper, hurler, frapper, jouer la comédie, faire sa scène.

Le regarder de très près, de trop près, le caresser ce corps, l'aimer, l'adorer, le flatter, le bercer, le maquiller. Le dénuder...

Je t'aime, je t'attends.

Sonia

Le 31 janvier

> Ma chérie,

Je m'englue dans la guerre d'Algérie comme les oiseaux dans le mazout du *Prestige*. J'arrive aux événements d'octobre 1961. Je ne sais comment les aborder : trop de livres, de journaux, de photos et de films me font de l'ombre.

Hier, Franck a eu quarante-six ans et Léa vingt-quatre ! Comme disait François Mauriac : « Si vous croyez que c'est drôle d'avoir des enfants vieux ! » C'est vrai, ce n'est pas drôle et cependant...

Toi, ton père t'appelait « ma poule ». Le mien c'était « ma cocotte ». Je n'aimais pas, je trouvais ça vulgaire. Maintenant, c'est maman qu'il appelle « ma cocotte » et ça m'attendrit. Puisse-t-il lui donner encore longtemps ce petit nom. J'ai accepté d'écrire quelques lignes à propos de Toulouse-Lautrec et les femmes. Il n'aimait que les putains et les filles de caf'conc'. Cela rejoint mon livre sur les poètes et les putains.

Sonia, je m'ennuie...

Tendresses.

Régine

Paris, le 2 février

> Ma douce,

Je n'ai pas répondu à ta lettre du 22 décembre :
« Tout ce noir qui te mangeait, t'effaçait. C'était
pourtant ton univers, celui que tu avais créé, ta
couleur, celle que tu revendiques. »
Je comprends ce que tu as ressenti, cela a pu te
paraître sombre, ombre, mélancolique, très beau
mais triste. C'est vrai que je m'y sens bien, que j'ai
besoin d'une certaine obscurité (Giacometti adorait
travailler dans l'ombre).
D'abord les murs ne sont pas noirs mais gris,
ensuite, il y a cinq fenêtres immenses, du chêne
doré qui court tout le long de cette pièce.
Pour les couleurs, j'ai besoin de ce clair-obscur, de
cet opaque qui m'envoie les tons en pleine face. J'ai
besoin de pointer vers des rouges brûlants, des
jaunes éblouissants, des oranges. Lorsque j'essaie
sur une fille, si la pièce est trop claire, je vois trop
juste, trop bien, il doit y avoir du flou, du vague, ce
qui me permet d'être plus folle, de me laisser aller.
Liberté.
C'est un théâtre où j'oublie les spectateurs, je me
focalise sur le corps. Les jambes, les bras, la tête, la
marche ! Je lui dis : « Défile ! Vas-y ! »

Si j'étais dans la lumière, la silhouette serait trop cernée, trop découpée. Là, je peux la dérouler, la raccourcir, la fermer, la déglinguer.

J'aime cette pénombre, elle me calme, le temps passe moins vite, il glisse, il ne m'attaque pas, il est plus doux.

Le clair ça n'est pas le silence et j'ai besoin de beaucoup de silence, de pauses.

Tous ces barbares qui courent après moi, me posent mille questions, entrent, sortent, me regardent :
« Quel vêtement je donne pour Canal + ? Vous pouvez faire cette préface pour… ? Vous préférez le bleu ou le rouge pour la couverture de… ? Je mets les livres de… ? dans la vitrine des accessoires ? »
Je ne sais plus rien.

Je veux respirer, rouler sur les draps roses de mon lit, m'envoyer en l'air avec un verre de vodka, de la nuit jusqu'à l'aube. Lire, relire, dévorer, me colorer, m'allumer, m'oublier, ne voir que les arbres, de ma fenêtre, les feuilles vertes, les branches lourdes, les oiseaux apaisés.

Pourtant je dois leur apprendre.

Quoi ?

Le défilé !

« Vas-y ! »

Je t'embrasse fort.

Sonia

Ne t'ennuie plus, par pitié ! Tape des pieds ! Mets
du rouge sur tes lèvres. Caresse-toi ! Où ? Où cela te
fait plaisir ! Les seins, les reins, le ventre… Sors de
cette galère qui te bouffe !

Toulouse-Lautrec, j'adore ! Un grand peintre !
Déformé par la maladie qui le rongeait, incurable à
l'époque, il fut un exemple de courage, plein
d'enthousiasme, il ne se plaignait jamais. Il adorait
danser. Avec des actrices, des « femmes de mauvaise
vie ».

J'ai passé une nuit au château de Malromé, on m'a
donné sa chambre avec son lit, Jacques avait les
pieds qui dépassaient ! Je crèverais pour avoir un de
ses dessins, le cirque, les animaux, les danseurs, les
dresseurs…

Malheureusement, il s'est mis à boire, pour oublier
j'imagine…

Baudelaire a dit : « Il faut être toujours ivre. Tout
est là ; c'est l'unique question. Pour ne pas sentir
l'horrible fardeau du temps qui brise vos épaules et
vous penche vers la terre, il faut vous enivrer sans
trêve. Mais de quoi ? De vin, de poésie ou de vertu,
à votre guise, mais enivrez-vous. »

Je t'aime. Je t'embrasse. Je pense à toi.

Sonia

L'Amérique me tue. Je n'ai aucune confiance en ce
Bush mégalo, qui fixe l'horizon comme un oiseau
de proie.

On n'en veut pas de sa guerre de merde !

Saddam Hussein non plus on n'en veut pas, ce
malade sanguinaire qui utilise des armes
bactériologiques depuis des années contre son
peuple ! Tu as vu, en Australie, des femmes « nues »
ont défilé contre la guerre.

As-tu entendu parler de Issei Sagawa, ce jeune
homme qui dans les années soixante-dix (je crois)
tue une jeune fille, la coupe en morceaux, en
mange quelques-uns, en fait rôtir d'autres, se fait
prendre et incarcérer. Deux ou trois années plus
tard, il est remis en liberté, jugé non responsable
(esprit malade). Depuis, il écrit, fait des photos et
devient spécialiste d'une presse macabre, *La Lettre de
Sagawa* (chez Robert Laffont).

La Seine monte, la neige tombe, attentat en
Colombie (horrible !)… Je ferme les infos.

Je m'allonge. Pourquoi, comme toi, je ne m'endors
pas tout de suite ? Jamais tu ne sauras la chance que
tu as de t'endormir à peine la tête posée sur
l'oreiller.

Je ne suis pas gaie aujourd'hui, les nouvelles sont dures, la confusion est partout.

Je t'embrasse et je t'aime.

« La rose pour mourir a simplement pâli » (Aragon).

Sonia

J'ai l'impression de tourner à vide.

Des idées absurdes me viennent à l'esprit.

Je n'ai rien inventé, j'ai suivi, copié, détourné.

Quelle est ma part ? Quelle partition je joue ?

J'ai longtemps cru que de ne pas savoir me donnait
un certain pouvoir. Pourtant, je sais que tout artiste
a été influencé par d'autres et porte la trace
de cette influence dans ses œuvres.

Quelle mouche me pique ? ! Avant la collection je
suis paumée. Chaque essayage me tue… ou je le
tue, je le détruis, je l'exècre. Pourquoi ? puisque
je sais que le lendemain, je ne verrai plus pareil.

Un peu de sérénité, de tendresse me ferait du bien.

J'adore ce que je fais, j'ai de vrais moments
d'extase, d'émotion. Mais cette remise en question
continue, ce sentiment que si je m'absente un
instant tout s'écroule (ce qui est faux) me bouffe.

Pourtant, je suis traversée de visions poétiques, de
sensations bouleversantes qui m'entraînent vers
l'inconnu. Souvent, je m'interroge, mais ces
interrogations sont vaines. Je dois vivre ce que je
fais, à fond. Pouvoir en saisir la substance, la
dramatiser pour communiquer la beauté (tout au
moins ce que je pense être la beauté), chercher la

lueur éclatante, insaisissable qui me nargue. Suivre mon expérience, jouer. « [...] jouer l'homme ivre, titubant, qui, de fil en aiguille, prend sa bougie pour lui-même, la souffle, et criant de peur, à la fin, se prend pour la nuit » (Georges Bataille).

Tu me manques.

Sonia

Paris, le 25 février

> Ma douce,

Pardonne-moi ce long silence. Les journées passent comme un songe, si quotidiennes que cette monotonie engendre l'ennui et l'oubli de la douceur des choses. Toi tu es plongée dans ta collection, moi dans mon roman qui avance pas mal ; aussi, je me cramponne.

J'attends le printemps sans l'impatience d'antan. Te rends-tu compte qu'au mieux, nous ne connaissons que quatre-vingts ou quatre-vingt-dix printemps ? C'est peu. C'est si court une vie. On est enfant et puis l'on est vieux sans avoir vu le temps passer. À peine croit-on avoir compris comment ça marche qu'on doit laisser la place. Àquoi sert tout ce savoir accumulé au fil des années ? Ces enfants, ces hommes aimés ?

Combien de fois avons-nous éprouvé du plaisir ? Combien de fois notre corps a-t-il joui à en mourir ? Pas assez, c'est sûr. As-tu encore le désir d'aimer, d'être aimée ? De caresser le corps d'un amant ou d'une amante ? De te laisser envahir par la jouissance ? J'ai envie d'aimer en ce moment, de m'abandonner aux caresses, aux baisers. La fin est proche et les regrets m'envahissent. J'ai envie de danses lascives, de ces musiques qui font se balancer les hanches contre le sexe durci d'un homme. Je pense à Cuba, à ces rythmes qui rendent folles les plus froides. Je n'ai pas eu d'amant cubain et je le regrette.

Je t'embrasse.

Line

Paris, le 26 février

« Plongée », oui, dans ma collection, mais aussi dans mille problèmes qui me laissent souvent exsangue. Le soir, je m'effondre, les journées sont trop longues.

Je coupe, je trie, je décide, je suis contre, je suis pour. Dans tous les cas j'avance. Comme toi je me cramponne !

Je ne me penche pas sur l'avenir ou alors je m'effondre. C'est affreux, terrible, de ne pas faire de projets, de vivre le quotidien.

Ai-je le désir d'aimer, d'être aimée ? Non seulement j'en ai le désir, mais je suis aimée, j'aime, je m'abandonne. La jouissance me comble, me fascine, me donne une force folle pour avancer. J'ai aussi envie de danser des slows, sur des musiques lascives, qui font s'enrouler les corps, mais j'ai aussi envie de rythmes fous qui envoient ton corps, tes bras en l'air.

Je n'ai pas eu d'amant cubain, ni de noir et comme dit une des mes petites-filles, « il ne faut pas mourir idiot ». Profite de la douceur, regarde devant toi, prends l'espace.

Comme tu me le dis toujours, « nous sommes les plus belles ».

Je t'aime, tu me manques.

Sonia

Paris, le 7 mars

> Ma chérie,

Je pense fort à toi en cette journée de collection.
Je suis sûre qu'elle sera à la hauteur de tes rêves et
de tes ambitions et, comme à chaque fois, je
t'applaudirai de tout cœur.
Ce soir, je ne viendrai pas au Crillon ; je dois
préparer ma valise car je pars demain matin, très
tôt, pour Montmorillon où je participe, à la
médiathèque, à une table ronde sur « Les femmes
et la guerre ». Tout un programme !
Je serai absente une semaine. J'ai envie de me
balader dans la « France profonde ».
Prends bien soin de toi. À tout à l'heure.
Je t'aime.

> Sonia,

Je retrouve la photocopie d'une page d'un texte de toi : je ne sais pas d'où il est tiré. Une phrase me saute aux yeux : « Ce qui compte c'est l'authentique. » Rien n'est plus mensonger. Il n'y a rien d'authentique, tout n'est que mensonges, faux-fuyants, faux-semblants. Comment peux-tu parler d'authenticité dans ce monde de fausseté ? Aujourd'hui, je suis pleine de larmes et d'ennui. Pourtant, le printemps est là avec son ciel bleu, son soleil, ses bourgeons qui éclatent partout. As-tu vu ceux des marronniers de la place Saint-Sulpice ? Ils sont pour moi le baromètre du renouveau. Malgré cela, Paris a perdu sa magie. Sa beauté, qui me touche encore, me dit que la mort est proche, que je ne connaîtrai plus de printemps amoureux. Le soleil luit et ne me réchauffe pas. Les heures passées à ma table de travail me semblent vaines. Les mots que j'aligne sont vides de sens. « Le créateur est un personnage fragile », as-tu écrit. Plus encore si c'est une créatrice. Suis-je une créatrice, une artiste ? « Non », me dit une voix méchante. Je ne suis qu'une pauvre fille qui cherche à écrire un livre. Pourquoi ? oui, pourquoi ? Quel orgueil ! Quelle fatuité de se vouloir écrivain ! « Que fais-tu du succès ? » me diras-tu. Et si le succès n'était qu'une erreur de jugement de mes contemporains ? Qu'y a-t-il dans mes livres qui le justifie ? Le talent ? Laisse-moi rire. D'autres en ont plus que moi qui ne le rencontrent jamais. « Et alors ? Profites-en », me diras-tu encore. Dieu sait si j'aime le succès, s'il me rassure parfois. J'ai l'impression d'être une usurpatrice, de jouer avec habileté avec les mots, les personnages, les situations, mais de n'être pas dans le vrai, dans l'authentique, comme tu dis. L'authentique existe-t-il en littérature ? Non, bien sûr. La littérature est un mensonge habile et l'écrivain un tricheur. Regarde-les les Sollers, les Quignard, les Cixous, les Bergounioux, les d'Ormesson, les Derrida, les Houellebecq : tous des menteurs, des truqueurs, des faiseurs de livres qui sortent de leur plume ou de leur ordinateur des phrases qui s'alignent à la suite les unes des autres sans que l'on sente le mouvement de la vie. Certains moins que d'autres, je pense à Cixous ou à Bergounioux qui eux, parfois, s'approchent du mouvement de la vie intérieure ou de celle de la Terre. Là où je cherche le frémissement de la nature, je ne trouve qu'artifice de littérateur. Le souffle de l'épopée s'est tari, il ne reste que des livres bien faits, sans âme, sans grandeur.

Chaque époque a eu les écrivains qu'elle méritait. La nôtre n'en a pas. Nous avons des faiseurs de livres pour des lecteurs quotidiens, sans passion.

Je voudrais des livres qui brûlent, qui dérangent, qui introduisent le doute ou donnent envie de se dépasser. Je ne les trouve pas. Je ne les écris pas. Sans doute suis-je trop timorée, trop occupée à plaire encore pour me jeter dans la fournaise d'une écriture sans concessions, sans compromis. Sans doute ai-je peur d'être dévorée par le doute universel, de me trouver face au vide des cieux, devant l'inutilité, l'absurdité de la tâche.

Il n'y a que le travail manuel de vrai car lui, il est concret. Seul ce qui sort de mes mains est bien réel : une broderie, un encadrement, une peinture, un plat. Réel, mais pas forcément réussi. J'envie le peintre, le menuisier, le carreleur, la couturière qui voient le résultat de leur travail, peuvent le toucher. Un livre ? On le touche aussi, mais c'est trop abstrait, trop fabriqué. Mes livres, dès qu'il sont imprimés, me deviennent étrangers, hostiles. Je redoute de les ouvrir, d'en relire quelques lignes tant je crains d'être déçue. Je ne me fais pas confiance et le succès n'arrange rien. « Au-delà de trois mille exemplaires, c'est un malentendu », me disait Jean-Jacques Pauvert. Pour lui, si un livre avait trois mille lecteurs, c'était pour de mauvaises raisons. Et il me citait les « chefs-d'œuvre » qui n'avaient jamais trouvé leurs lecteurs. Alors, si je suis son raisonnement, je baigne dans le

malentendu et mes millions de lecteurs sont des cons. Pardonne-moi de t'ennuyer avec mes digressions sur le mal-être de l'écrivain ; d'ailleurs, en suis-je un ?

Pierre a lu deux cents pages de mon roman : « invraisemblance », « inexistence des personnages », « incohérence », « trop de citations », « pas assez d'action » et j'en passe. Comme il est le seul à qui je fasse confiance, tu comprendras que je sois bouleversée. Ce n'est pas mon éditeur qui me dirait cela ; pour lui, tout ce que j'écris est très bien. Mais je ne suis pas dupe, je sais qu'il pense au tirage et non à la qualité du livre, dont il se fout. Quand je me suis rendu compte de cela, j'ai été triste comme un enfant à qui l'on a menti.

Je ne me relis pas.

Je t'embrasse.

> Régine,

Il est 13 heures, je reçois ta lettre en pleine figure.
Je n'ai pas le temps de te répondre là, maintenant,
sur « l'authentique, le mensonge, la fausseté, les
faux-fuyants ». Arrête, tu te détruis pour rien !
Tu ES un AUTHENTIQUE écrivain. Je ne vais pas
te dire pourquoi parce que tu le sais.
Tu vas encore profiter du soleil ! Si tu dis qu'il ne te
réchauffe pas, c'est parce que tu ne le veux pas.
Le soleil est chaud, fort, puissant. Fixe-le, tu verras
mille éclats de lumière qui enrubanneront ton
cœur. Peut-être ne connaîtras-tu plus de printemps
amoureux, mais des printemps fous de tendresse,
d'un autre bonheur. Et pourquoi plus d'amour ?
Qui l'a décidé ?
Tu n'es pas une pauvre fille, ça m'agace que tu dises
cela, ça me rend mauvaise. Tu écris des livres avec
talent, ne ris pas. Oui, d'autres ne rencontrent
jamais le succès, cela je le sais. Mais que pouvons-
nous y faire ? C'est injuste, il y a des milliers de
choses injustes.
Oui, tu es une usurpatrice, oui, tu joues avec
habileté. Bravo, mille fois bravo. Continue ! Parce
que tu es dans le vrai. Écrire, c'est mentir et c'est
dire la vérité, c'est tricher mais c'est intéresser.

Tu ne mens pas quand tu racontes l'HISTOIRE.

Tu es au plus proche de l'HISTOIRE. Moi je le sais et toi tu le sais.

Pierre a lu deux cents pages de ton roman et tu es bouleversée. Regarde, écoute, comprends ce qu'il t'a dit. Je suis sûre qu'il y a PEU de choses à bouger. Je sais comme toi qu'il a sûrement raison. Alors reprends ton texte tranquillement. Souvent, quand je fais la collection et que je suis au comble du désespoir, il suffit de quelques détails IMPORTANTS pour que ça aille.

Tout le monde m'attend. Je t'aime. J'ai confiance en toi, je suis avec toi.

Ne me déçois pas.

Sonia

Paris, jeudi 20 mars, 7 h 30

> Régine,

Je reprends ta lettre du 18. Je suis une menteuse, je ne l'ai jamais caché. Petite, pour obtenir ce que je voulais, plus tard pour enjoliver. Aujourd'hui, je mens parce que chaque fois que je fais une couture, que je place une pince, c'est pour amincir (tricher), pour enjoliver (tricher). Chaque fois que je fais une interview, je mens. Pourquoi ? Parce qu'une interview c'est une histoire et que l'histoire, tu l'inventes.

Maintenant, l'« authentique ». Ce qui compte, c'est l'« authentique », oui. Le travail que je fais, ou celui que tu fais, est « authentique », il est indiscutable, incontestable, absolument inattaquable. Pour intéresser ton lecteur, tu dois tout utiliser, tous les trucages sont bons, les astuces, les ruses.

Tu es injuste. Aujourd'hui nous avons des écrivains : Paul Auster, Kundera, Philip Roth, etc. Tu ne trouves pas les livres qui te dérangent, qui te troublent, alors écris-les et ne me dis pas que tu n'en es pas capable. Tu trouves que seul le travail manuel est vrai, c'est absurde. Qu'a-t-il de plus vrai que l'écriture, la peinture, la mode ? Tu ne veux pas relire tes livres, tu crains d'être déçue. Arrête, tu me troues ! Pourquoi ? De quoi as-tu peur ? Chaque fois que je revois une de mes collections ou que je lis une page de mes livres, j'ai vraiment le sentiment que ce que je fais est moins bien que ce que je faisais.

Pauvert est un formidable éditeur mais il n'a jamais eu raison en rien alors ne suis pas son raisonnement et ne te pose pas cette question idiote « suis-je un écrivain ? ». Oui, tu es un écrivain intelligent, honnête et malhonnête, un écrivain qui a prouvé son talent, qui voit clair dans le jeu de l'éditeur, un écrivain déboussolé, paumé, fatigué, un véritable écrivain qui s'intéresse à la qualité du livre qu'il écrit, un formidable écrivain qui se pose mille questions parce que écrire un livre, comme faire une collection, c'est si dur, trop dur.

Doute, doute, Régine, tu as raison. Doute mais écris, c'est ta vie.

Je t'aime.

Je crois en toi. J'ai besoin de toi.

Sonia

> Régine,

J'écris un roman sur le monde. Tous les jours une page.
L'amour me porte. Tordu, fragile, euphorisant.
Délire. La jubilation de l'amour. Un cadeau des cieux.

Jeudi

Assise sur mon lit, à Saint-Malo, je reçois les infos en plein visage. Les journalistes décryptent, scrutent, expliquent les informations comme s'il s'agissait de jeux vidéo. Saddam (ou un sosie) se balade, paternaliste, faux et sournois. Les Américains donnent des hamburgers aux petits Irakiens. Qu'est-ce qu'on nous cache ? Qu'est-ce qui va nous tomber sur la tête ? Ce qui est étrange c'est que nous sommes sur place, aux portes de Bagdad. Nous voyons les soldats visiter un palais abandonné, saisir des documents et repartir. J'ai le sentiment d'une intense confusion, d'informations contradictoires. J'ai peur, Régine, de ce qui se trame.
Que fais-tu ? Moi j'essaie de me reposer. Cet endroit est un vrai bonheur. Je navigue du haut en bas de cet hôtel en pays conquis. J'en connais tous les

coins. Ça me plaît de tout avoir sur place, comme
ça, la thalasso au rez-de-chaussée, les chambres au
troisième étage. Allongée sur mon lit, je ne vois que
le ciel et la mer. Je vais au premier déjeuner et
dîner, au deuxième prendre un café, un thé au bar,
malheureusement pas de gâteaux (ce qui me
manque à mourir !). Je ne parle à personne, à table,
la tête dans mes livres, c'est à peine si je salue les
gens qui viennent me faire un gentil compliment.
Évidemment, huit jours c'est un délire. Je ne
tiendrai pas un jour de plus.

Vendredi

J'ai lu *Mort d'un silence* de Clémence Boulouque.
C'est un magnifique petit livre, dur, net, froid, avec
une écriture très juste, pas un mot en trop, par
moments des éclats de rire étouffés, coupants
comme la mort. Et puis *Ermites dans la taïga* de Vassili
Peskov. Ce qui m'a frappée dans ce livre c'est que
l'héroïne, Agafia, vit encore aujourd'hui. L'histoire
d'une famille follement religieuse qui vit dans la
taïga, en Sibérie, depuis 1938. Deux des enfants,
dont Agafia, n'ont jamais vu d'autres humains que
leurs parents et ne connaissent rien du monde. La
magnifique vie de cette Agafia qui vit seule
aujourd'hui dans la sauvage solitude de la taïga. Très

155

beau texte. Aussi, *Le Cahier de Turin* de Lionel Duroy. Un livre d'une tendresse infinie, l'amour vécu comme une fascination, émotion à fleur de peau, un trouble vertigineux, un éblouissement, l'étonnement de posséder cette femme, et une maladie dont on parle à peine, dont on nous tait le nom mais qui est là, qui rôde, le tout survolé avec gravité. Un magnifique roman sur l'amour heureux.

Dimanche

Tu avais aimé, comme moi, la pub avec le lapin à la station-service. As-tu vu celle, drôle, de cet homme qui va aux toilettes : la dame pipi, à la porte, lui demande : « Aviez-vous rendez-vous ? » Lui, interloqué répond que non ; elle continue alors : « Je vous marque pour mercredi à 2 heures. » À ce moment-là, un autre homme se précipite et rentre dans les toilettes, la femme dit : « Ah oui, monsieur Devos, toujours à l'heure ! »
Rideau.

Tarla, dimanche soir

Souvent, ici, seule, je replonge. Peut-être parce que je ne suis plus entourée, mes couvertures sont restées à Paris, boulevard Saint-Germain. L'angoisse m'étreint. Le doute : si tout à coup je perdais tout ? La tête en premier. Je serais désertée, inféconde, incapable d'écrire, de dessiner, d'inventer. En même temps, je sais que je dois dramatiser pour « retrouver » mes marques. Éloignée, je me perds mais, paradoxalement, je dois me perdre pour retrouver l'extase. C'est l'extase qui me fait rebondir. Trouver cette espèce de folie sans boire, sans joint, sans tête-à-tête est difficile. Comment jouir sans se caresser ? sans un homme près de soi ? Qu'est-ce que je raconte ? Il ne s'agit pas de jouir mais d'écrire, de dessiner, de travailler. Je déraille. Bien assise sur mon lit, calée dans des oreillers blancs, entourée de mes crayons, de mes cahiers, de mes couleurs (tissus), je dois me replonger dans mon histoire, la faire avancer, cesser de me poser des questions idiotes.

Je t'embrasse. Je t'aime.

Sonia

Paris, le 18 avril

> Ma Sonia,

Aujourd'hui, pour les chrétiens, c'est Vendredi saint, le jour de la mort du Christ. J'ai relu les Évangiles qui racontent cette mort sur la Croix, avec toujours la même émotion.

Le soleil sur Paris est éclatant, les seins des filles gonflent leur corsage, les regards des garçons les caressent ; partout, la vie éclate.

Tu as raison, cessons de nous poser des questions et avançons pour retrouver l'extase, la jouissance sans caresses, sans un homme près de nous.

N'oublions jamais que nous sommes fortes, les femmes fortes de la Bible, et que sur nos épaules repose un peu de l'avenir du monde, en tout cas de sa beauté.

Joyeuses Pâques, ma chérie, je t'embrasse.
Je t'aime.

> Ma douce,

Qu'est-ce que je raconte ? Qu'est-ce que j'invente ?
Pourquoi me triturer ? Quelles révélations puis-je
attendre ? Dois-je trouver au fond de moi ou
chercher, dénicher, multiplier les informations,
me pencher au risque de tomber pour faire du
« nouveau », du « pas-déjà-vu », couper, froncer,
faire des trous, des plis ?... Connue, puis-je devenir
méconnaissable parce qu'« il faut » raconter une
autre histoire ? Mais quelle histoire ? C'est pour ça
que je me penche et que je crie, que je demande de
l'aide (silencieuse). Scandale ! De l'aide ? Je ne dois
pas avoir d'aide. C'est moi, moi seule, devant ma
feuille, mon dessin.
Puis-je être une « sur-femme » ?
Puis-je me pervertir en volant ailleurs ou dois-je
m'accommoder de ce que je fais ?
La plupart du temps, je glisse.
Je t'aime.

Sonia

Lundi 12 mai

T'accommoder de ce que tu fais ? Surtout pas ! Tu dois te surpasser. Dominer ta fatigue, ton angoisse de n'être pas comprise. Créer, créer toujours, inventer, surprendre, aller au plus profond de toi, exprimer ce qu'attendent inconsciemment les femmes, les violer au besoin. Ton « histoire », tu dois la poursuivre, « briser l'os », risquer, oser. Je t'entends me dire « cela fait des années que j'ose, que je prends des risques ». Et alors ? Va plus loin. Tu n'es pas de celles qui peuvent se contenter de refaire toujours la même chose, de l'à-peu-près. Tu es exigeante et fière, audacieuse et forte. Crie ! hurle ! quand tu es seule devant ta feuille, ton dessin. Hurle en secret, car les autres ne comprendraient pas et pourraient en profiter pour tenter de te détruire ; et ça, je ne le veux pas. À moi, à moi seule, tu entends ? tu peux dire tes doutes, tes craintes, tes peurs. Je les connais, même quand tu ne dis rien et c'est en cela, entre autres, que tu m'es chère. Tu n'es pas une « sur-femme », moi non plus d'ailleurs et c'est très bien comme ça. Nous avons en commun, ma douce, d'être seules dans notre travail, de ne pas nous complaire dans les plaintes, d'assumer beaucoup de choses et de gens. Nous cherchons une épaule amie où poser notre tête quand la lassitude est trop grande, mais notre orgueil nous empêche de la trouver, d'avouer ce que nous considérons comme de la faiblesse.

Tu es la femme forte dont parlent les Écritures, ne l'oublie pas.

Laisse-toi glisser doucement, demain est un autre jour...

Tendrement.

Régis

Paris, le 25 mai

> LETTRE À SONIA

Nous voici encore une fois, ma Sonia, réunis pour
te fêter. Je sais, tu n'aimes pas trop l'anniversaire de
ce jour qui te vit naître, tu n'es pas la seule. Mais,
comme nous n'avons pas le choix, soyons les
premières à en rire. Je vais profiter de cette
occasion pour te dire, te redire, que je t'aime. Tu le
sais, je ne l'ignore pas, mais on ne dit jamais assez
son amour. C'est rassurant d'aimer, peut être plus
que d'être aimé… Tu n'es pas d'accord avec moi ?…
Qu'importe ! Égoïstement, je t'aime. Tu m'es
nécessaire. Sans toi, la vie n'aurait pas la même
couleur, la même densité. Tu es l'amie d'enfance
que je n'ai pas eue, la sœur que je n'ai pas su aimer,
la femme fragile et forte qui me redonne courage et
fierté quand la vie m'est trop à charge. Tu te sers de
ta fragilité pour séduire et tu y réussis fort bien
malgré les obligations qui pèsent sur toi. Tu as
l'élégance de ne pas le montrer et de ne pas, du
moins en apparence, te laisser déborder par elles.
Tu sais ne pas nous rendre trop jaloux de tes
nombreux talents, de ta réussite que tu ne dois qu'à
toi seule. Nous en rions quelquefois de cette
réussite qui nous oblige à faire toujours plus,
toujours mieux. Pour ça, tu es sans égale. À chaque

collection, nous, ceux qui t'aimons, tremblons d'être déçus, mais comment pourrions-nous l'être par toi la magicienne des coutures à l'envers et des vêtements qui rendent celles qui les portent si différentes et pourtant si semblables d'année en année : tu nous bluffes et ce n'est pas fini. C'est comme si le temps attisait ton imagination, ta créativité et cela se retrouve dans tes écrits qui ne ressemblent à aucun autre. Il faut nous faire une raison. Tu as, en naissant, reçu tous les dons : la beauté, l'intelligence, le talent, je devrais dire *les* talents tant les tiens sont divers. Alors, une année de plus, une année de moins, est-ce que cela compte ? Ce qui compte, c'est que nous t'aimions, que tu nous aimes, le reste c'est du vent ! « Tu me troues ! » me dis-tu souvent. J'espère te « trouer » encore longtemps. Je t'en prie, reste comme tu es – il est vrai que ce n'est pas maintenant que tu vas changer – sinon, je perdrai mes repères ; sans toi, ta voix, ton rire, ta mélancolie, je serais perdue. Tu le sais : tu es la femme de ma vie ; tu es celle que j'aurais voulu être si je n'étais pas moi. La Hire n'aurait pas mieux dit. Bon anniversaire, ma chérie. Je t'aime.

> Régine,

« Prends souci de toi-même », dit Socrate. « Quand je danse, je danse ; quand je dors, je dors », disait Montaigne.

Dois-je philosopher ? M'interroger ? Me construire ou plutôt reconstruire tout ce qui fout le camp ? Je doute, je m'étonne, je me questionne. Je sais que je ne détiens pas la vérité, que je ne suis pas rationnelle. Je n'en souffre pas. Ce qui importe, c'est le *désir*. Écrire, dessiner, être ivre, amoureuse, rêver, me plier à tous les *désirs*. Impossible, cela ne se peut. Et pourtant, je ne veux pas dire « je *désire* en finir avec tous les *désirs* » puisque, pour avancer, je dois *désirer*. Je tourne en rond, je ruse et je m'agite. Est-ce que le *désir* est l'excès ou pourrait l'être ? Suis-je pleine lorsque j'ai obtenu ce que je *désirais* et vide lorsque je le cherche ? L'idéal serait de me contenter de ce que j'ai sans aller chercher ce que je n'ai pas, et alors je ne *désirerais* plus rien. L'horreur ! Il faudrait maîtriser le *désir*, ne pas céder trop vite, faire des tours, avoir une volonté si forte qui déciderait d'attendre. Je peux obtenir ceci si je fais cela. Ce *désir* me tue. Il est comme une maladie dont je ne peux me débarrasser, qui me tourne autour. Suis-je si faible que je ne peux le repousser, l'écarter, le combattre ? Il me plaît ce *désir*.

Sonia

> Ma belle,

« Désir », « désir », tu n'as que ce mot à la
bouche !... Ne philosophe pas là-dessus sous peine
de tomber dans des propos de bistro ou pire de
salon de coiffure pour dames. Il te plaît ce désir qui
te tue, dis-tu. Chasse-le d'un coup de pied dans le
cul et souviens-toi que tout désir que la main
n'atteint pas n'est qu'un leurre. Désirer en vain
s'apparente à l'envie qu'éprouvent les esprits
mesquins face au bonheur ou à la réussite des
autres. Toi, tu es tout sauf mesquine. Aie des désirs
concrets, bien réels et bien en chair et envoie-toi en
l'air avec un camionneur ou un livreur de pizzas – il
y en a qui sont très mignons. Mais je crains qu'à
travers tes divagations sur le sujet, ton souhait réel
soit d'avoir du désir. Non ?... Est-ce que je me
trompe ?... Tu sais bien, ma rouquine, que j'ai
raison. En fait, ce que nous voulons, c'est être
désirées, comme nous l'avons été, comme nous
avons pris l'habitude de l'être. Tu n'aimes pas que
je dise cela, n'est-ce pas ? Pourquoi nous cacher la
triste réalité ? « Arrête ! »... me cries-tu. Bon,
j'arrête...
Je t'aime.

Ars, le 9 juillet

> Sonia,

Dans quelques jours, comme chaque année depuis longtemps déjà, tu seras là pour le 14 juillet. Comme à notre habitude nous regarderons de la Cabane du Fier les feux d'artifices, des Portes, d'Ars, de La Flotte et, plus loin, ceux du côté de La Rochelle. Le lendemain, nous irons danser sur la place de l'église. Autrefois, quand les enfants étaient petits, nous suivions la retraite aux flambeaux derrière la fanfare municipale en surveillant la flamme des bougies des lampions en papier plissé rouge, vert ou bleu, que les enfants tenaient au bout d'une mince perche.

Toi et moi, nous aimons les rites et celui des retrouvailles de juillet nous tient à cœur. Je t'attends avec impatience. Il ne fait pas très beau, mais cela n'a aucune importance, sauf si la pluie gâche le défilé du 14 juillet sur les Champs-Élysées, défilé que nous suivons à la télévision sans désemparer. Cela fait rire nos hommes qui se moquent de notre goût pour l'uniforme. L'uniforme, ça te connaît : n'as-tu pas écrit là-dessus dans un de tes livres ? L'auteur de *Histoire d'O*, Pauline Réage, alias Dominique Aury qui est aussi un pseudonyme, oh la cachottière ! aimait, elle aussi, les uniformes qui, disait-elle, laissent libre, et invisible, ceux qui les portent. Longuement, nous parlions de l'érotisme de l'uniforme, celui des soldats comme celui des infirmières, celui des moines comme celui des religieuses. T'ai-je montré les photos de moi en bonne sœur, jupes retroussées et visage renversé sous la cornette ? Quel dommage que les nonnes s'habillent maintenant comme tout le monde ! Il y avait une telle diversité dans les vêtements religieux. Je possède plusieurs ouvrages sur le sujet qui vont du XVIIe au XIXe siècle et qui comportent des centaines d'illustrations dont certaines en couleurs, ce qui permet de voir qu'il y avait des robes rouges, vertes ou bleues... Tiens, comme les lampions ! En attendant, Jacques et Pierre peuvent bien rire, nous on regarde défiler l'armée française. On n'est pas comme un certain Aragon qui « conchie l'armée française ». On lui pardonne parce que c'est un grand écrivain et un grand poète. Viens vite ! Je t'aime.

Légin

Tarla, le 2 août

> Ma douce,

Vouées à la Vierge Marie, les sœurs de l'Annonciade
prétendent que Marie savait tout faire : la bonne
cuisine, le repassage, la lessive, et le reste bien sûr !
Vêtues d'une robe grise plissée, cornette noire
gansée de blanc avec une sorte de tablier rouge sur
le devant, secrètes, silencieuses, elles reçoivent une
fois par an pour une « journée d'amitié ».
Magnifique moment de recueillement.
J'aime cette réponse de Hemingway à quelqu'un qui
l'interrogeait sur le message de ses romans : « Il n'y
a pas de message dans mes romans. Quand je veux
envoyer un message, je vais au bureau de poste. »

Sonia

Tarla, le 4 août

Qu'est-ce qu'un écrivain ? A-t-il des limites ? Une façon de regarder, d'écouter ? Peut-on le reconnaître ? Pourrait-il n'être qu'un fou qui pille sans arrêt ou, au contraire, un sage qui prendrait des notes pour mieux s'en resservir ? A-t-il un programme de vie, un secret, un talent caché ? Est-il celui qui donne la vie à tout ce qu'il touche, qui prend et bouleverse, qui doute, qui ne sait pas qui il est mais qui est ? A-t-il besoin de plaire, de charmer, de se faire aimer ? Qu'est-ce qui compte pour lui ? Le crayon, la machine, le stylo ? Assis devant une table, sur un lit, lui faut-il un lieu spécial ? Un décor spécial ? Une atmosphère particulière ? Est-il égocentrique, replié ou, le contraire, ouvert, reconnaissant, acceptant, se servant ? (On dit que *Les Misérables* de Victor Hugo ont précipité la création de *Guerre et Paix* de Tolstoï.) Ce genre d'homme est une énigme, il a besoin de dramatiser, de forcer, de boire jusqu'à la lie pour reboire à nouveau, de désirer davantage pour désirer encore. Peut-il s'abandonner, cesser de se poser cette question : « Pourquoi écrit-on ? »
Pour l'extase, l'ivresse, le bonheur de voir ma main courir sur le papier. Pour ne pas retomber

angoissée, impuissante. Pour être lue, sûrement reconnue. Pour l'expérience. Pour me rendre transparente à moi-même, casser l'opacité qui m'encercle, dans laquelle je me vautre ; habits noirs qui cachent. Pourtant, j'aime la lumière, le jour surtout qui découvre les objets et permet de les glorifier, de se les approprier.

Surtout, quand les mots me manquent, que je me défais, je me désespère. Quel destin pas prévu, pas voulu !

Je pourrais m'endormir sur mon livre.

Je t'aime.

Sonia

« Qu'est-ce qu'un écrivain ? » me demandes-tu. La question a été souvent posée. La réponse la plus simple : c'est celui ou celle qui écrit des livres et qui les publie. Chateaubriand disait : « L'écrivain original n'est pas celui qui n'imite personne, mais celui que personne ne peut imiter. » Beaucoup de ceux qui s'essaient au métier des lettres devraient méditer ces vers de Boileau qui sont toujours d'actualité :

Soyez plutôt maçon, si c'est votre talent,
Ouvrier estimé dans un art nécessaire,
Qu'écrivain du commun et poète vulgaire.

Toujours de Boileau, ces sages recommandations : « Avant donc que d'écrire, apprenez à penser. » Et : « N'écris plus, guéris-toi d'une vaine furie. » Qu'en penses-tu ? Tu me demandes si cet art a ses limites ; comme chacun d'entre nous. Pour certains, il faut franchir lesdites limites, aller au-delà de son talent, de ses forces prendre le risque de n'être pas compris, d'être dénigré, sali. C'est le prix à payer surtout si le succès s'en mêle. Mais il faut remercier le ciel d'avoir donné à quelques-uns le talent de maîtriser les mots, de nous instruire, de nous faire rêver.

Quand tu écris, défie-toi de l'extase, de l'ivresse, ce sont de mauvais compagnons qui ne veulent que ta chute. Au contraire, si tu te méfies de chaque mot, des tournures trop « jolies », tu éviteras les clichés et les phrases toutes faites. N'hésite pas à lire et relire ce que tu as écrit. Tu trouveras à chaque lecture des défaillances de langage, des complaisances dont tu rougiras. Applique-toi à dire simplement les choses, à fuir ce que j'appelle « l'écriture du petit doigt en l'air ». Laisse parler ton cœur, tes sentiments.

Sois vraie.

Courage ! Je t'aime.

Le 7 août

Le temps toujours perdu que je recherche, amour vécu qui se dérobe. « L'histoire est entièrement vraie puisque je l'ai imaginée d'un bout à l'autre » (Boris Vian).

Des robes ?… Des pulls ?… Tous faux pourtant ! Figurines de papier incontrôlables, jamais je ne les ai attachées. Elles m'échappent et glissent. Je brasse des couleurs. Je les vole, les découpe, les mélange, les cache… Une robe, c'est quoi ? La décalcomanie d'un corps, retouchée, coupée, épinglée, arrangée, essayée, ajustée.

Baisers.

Sonia

> Régine,

Qu'est-ce qui m'étrangle ? me coupe le souffle ?
De quoi ai-je peur ? Je suis inquiète. Je ferme les
yeux, la tête en arrière… Je respire mieux. C'est
fou ce que le son est distinct, découpé, vibrant
lorsque je ferme les yeux. Je suis comme Jean-
Philippe, isolée mais cernée par les bruits.
Souvent, mon fils m'a dit que s'il lui était donné
de se faire opérer pour recouvrer la vue, il ne
croit pas qu'il accepterait. Je peux comprendre.
Ne pas avoir vu pendant une grande partie de sa
vie ! Il a d'autres repères. Quelle saleté !
Pourquoi ? J'ai tant pleuré.
Allongée sur mon lit à Saint-Malo, la fenêtre
grande ouverte, la mer basse, les mouettes
enragées comme de vieilles femmes desséchées, les
cris assourdis des enfants, j'aperçois de loin les
régates. Immobiles, taches blanches sur le bleu du
ciel. Un vent léger souffle et les fait pencher.
Le soleil se cache. Ma chambre est rose pâle, jolie
avec une baie vitrée. Quand je suis sur mon lit, de
la fenêtre, je ne vois que la mer. Je pourrais
partir… loin… Non, je m'allonge sur le sol, je fais
quelques mouvements de gym – quarante avec les
jambes, quarante avec les bras –, et puis je

retourne à mon livre. J'aurais rêvé de ne pas lire, de ne pas être seule, d'avoir un homme en face de moi, de faire l'amour profondément.

Tu me manques.

Sonia

Sublime bon anniversaire ma douce ! Un fleuve de
tendresse.
Tous tes désirs exaucés. Tout ce que tu aimes et
ceux que tu aimes enveloppés de nuages roses.
Plein d'horribles nounours en gélatine dans
ton sac !

Sonia

Va pour les nuages roses !

Les nounours ou les crocodiles en gélatine rouge, verte ou jaune, je n'en mange que trop...

À marée basse, va faire un tour jusqu'à l'îlot du Grand-Bé où repose, face à la mer, Chateaubriand. Comme tu le sais, j'aime et j'admire cet écrivain pétri d'orgueil qui « habite avec un cœur plein, un monde vide ». Que dirait-il du nôtre ? Où sont les chimères d'antan ?

Devant son tombeau, aie une pensée pour moi...

Je me sens grave. Longtemps j'ai écarté ce mot,
« grave », je le trouvais curieux, pas juste, ne me
concernant pas, sérieux, trop important.

Aujourd'hui cette gravité m'atteint.

Le monde est fou. Il faut être sur ses gardes, peut-
être ne pas avoir de racines. Être prêt à partir, fuir,
avoir des jambes, des yeux (des jambes et des yeux,
Régine !).

Tout cela me fait mal, aux jambes, aux yeux. Je sens
l'instable, les passerelles qui s'écroulent, la robe
déchirée, le feu.

Y a-t-il d'autres manières de vivre, d'autres
aventures, d'autres défis qui me tentent, qui
m'excitent ? D'autres pensées plus sereines ou
d'autres excès qui me combleraient ?

L'inquiétude me bouffe, détruit mes rêves, me
coupe l'appétit. Pourtant je n'ai pas de troubles,
mais je suis « sans envies ». Faux. Archi-faux, je suis
bourrée d'envies. Peut-être un peu dépressive, et…
tombée amoureuse de cet état (« le soleil noir de la
mélancolie »). Je vis avec. J'y trouve sûrement une
jouissance, un étonnement.

Je t'aime.

Sonia

Saint-Malo, le 20 août

> Régine,

Dîner fou à Cancale. Menu subtil, nous hésitons et puis nous décidons de laisser faire le patron-cuisinier. En quelques domaines, l'illusion est possible mais en cuisine, non. Tout était à mourir de bonheur : sauces douces, sensuelles, accompagnant les poissons cuits juste, quelques hors-d'œuvre « chefs-d'œuvre », desserts à perdre la tête dont un soufflé verveine-citronnelle « pour les framboises ». Pour terminer, un rhum grog glacé dans un verre à liqueur « Terre en vue ». Tu aurais adoré ce « rhum ». Forcément sublime !
Je t'embrasse, mille baisers.

Sonia

Saint-Malo, le 21 août

> Régine,

Nous voulions aller à Bilbao, nous avons vu le
Guggenheim à Bilbao !
De l'extérieur, le musée est magnifique, très ancré
dans la ville, fort, violent, il bouffe l'espace.
À l'intérieur, décevant.
Magnifique, le *Serpent* de Richard Serra, deux
couloirs d'acier laminé où le spectateur peut
pénétrer, taper et crier (tu m'as empêchée de
hurler, coquine !). Un bas-relief de Boltanski
comprenant mille photos anciennes. Personnages
morts – il évoque la perte d'identité (humaine).
Une belle composition de Jenny Holzer : série
d'enseignes lumineuses qui affichent des textes. Des
Basquiats, des Kiefers. Un très beau Klein. Très peu,
malheureusement, de Rothkos. Une salle entière de
Calders, pas sublimes, un Jasper Johns ultra connu,
Drapeau, qu'on a déjà vu partout. Quelques
Lichtensteins (le pop art dans toute sa splendeur
et les bandes dessinées), deux ou trois Warhols
(avec Marilyn et Elvis).
J'ai été très déçue.
Heureusement, nous avons fait un « beau voyage ».
Qu'est-ce que tu fais ?

Sonia

> Sonia,

Rien de ce que j'ai vu à Bilbao dans ce fameux
musée Guggenheim ne m'a donné l'impression
que j'étais en présence d'œuvres d'art mais d'une
débauche de conneries faites pour appâter le gogo.
Et toi, qui t'extasiais devant la moindre merde,
ce que tu m'as agacée ! Tu me fais rire et tu
m'affliges ! Comment toi, une femme intelligente,
peux-tu à ce point te laisser avoir par le délire
ambiant ? « J'aimerais bien un petit Basquiat. »
Je te le laisse et Andy Warhol avec.
Je t'aime quand même.

Légin

Saint-Malo, le 22 août

> Régine,

L'incertitude me bouffe. Je suis entre deux rêves,
indécise, dépendante, j'hésite surtout. Je ne me
retrouve plus. Je ne sais plus. C'est quoi le meilleur
de mon œuvre ? Sur quoi m'appuyer ? J'ai le
sentiment de faire le même discours. Je veux rire,
mon rire glisse. J'ouvre mon corps, le délie,
l'enveloppe, le calme.
Est-ce que je peux rire de mes inquiétudes ?
Tous ces drames qui détruisent la vie, comment
les ignorer ?
Je m'abandonne, je me laisse vivre. J'écoute Dvořák.
D'un air détaché, je prends mon livre. Je tourne les
pages, je m'énerve, je lâche ce livre.
Je t'embrasse.

Sonia

Boutigny, 23 août

À ta place, j'écouterais Mozart.
Tendresses.

Saint-Malo, le 23 août

> Régine,

Je rentre à Paris. J'ai pris plus d'un mois de
vacances, pourtant, je ne suis ni reposée, ni sereine,
ni calme. Quelque chose m'échappe. Peut-être tous
ces événements qui m'ont bouleversée, les
incendies, la mort de Marie, la canicule, le drame
de Ré. Un mois difficile qui a marqué mon corps. Je
n'ai pas récupéré. Je reste en éveil. Je ne me suis
pas vidée.
Tu me manques.

Sonia

Terminé, fini. Je saute, je hurle, et... je tombe.
Qu'est-ce qui me panique, me donne mal au cœur,
m'empêche de manger, de prendre du plaisir, de
me laisser caresser, aimer, baiser ?
J'ai fait mes devoirs, rempli mon contrat, joué le
jeu.
J'ai peur... de quoi ? Trop de monde, partout, les
trottoirs, les voitures, les trains, les avions, le « pas-
le-temps », le racisme, la maladie, la violence,
l'injustice...
Je lance mes robes pour faire le silence dans la salle,
je les baratine, les caresse, les flatte. Allez !
emportez-les, soyez sublimes, soyez fortes. Aimez-
vous, aimez-les, aimez-moi !

Sonia

On se calme ! Pas de panique ! Tu as fait tes devoirs, rempli ton contrat, joué le jeu, et alors ? Tu as peur, la belle affaire ! Nous avons tous peur, peur de vieillir, peur de mourir. On a tous envie d'aimer, d'être aimé, de baiser, eh oui ! Tu le sais, pourtant, on n'est jamais assez aimé, on ne fait jamais assez l'amour. Comme toi, je le regrette.

Je t'aime, petite fille.

Régine, tu me bluffes. Depuis longtemps déjà. Mais avec ce livre-là, ces généraux-là (du crépuscule), tu vas très loin, tu assènes, tu expliques, tu racontes passionnément cette folle histoire d'amour et de haine que vivent en Algérie depuis plus de cent trente ans Européens et musulmans.

Formidable livre historique, politique et roman pourtant. J'admire le contrôle que tu as sur les événements. Immense travail de reconstruction, d'archives et cette manière marrante, de parler du temps. « Il faisait beau. » « Il pleuvait. » Je sais que c'est exact, vérifié, contrôlé par toi.

Tu m'épates. Étrangement, tu as inventé une famille, tu l'as mêlée à ces périodes de vie au point que, j'en suis sûre, pour beaucoup Tavernier existe. Je suis fascinée, jouer ainsi avec la réalité et la fiction. Pourquoi cela m'a marquée à ce point dans ce livre ? Peut-être est-il le plus abouti de tous. Je comprends que tu aies beaucoup peiné pour le faire. Je suis fière de toi. Très fière. Je t'aime.

Sonia

Où es-tu ? Je m'ennuie de toi. Tu me manques.
Help !

Sonia

> Ma douce,

Longtemps nous avons oublié cet échange. J'ai eu mille choses à faire, toi aussi.

Absurde, et faux. Ça n'est pas une raison.

Tous ces événements horribles que le monde traverse nous détruisent. Toutes les deux nous travaillons beaucoup. Tout le temps bouffées par la vie, les enfants, les hommes, les problèmes. Nous sommes là tels des tampons, condamnées à répondre, à chercher, à trouver. Nous avons besoin pourtant de réussir, de séduire, de plaire, d'être la plus… C'est toi, non c'est moi… Je t'adore ma douce. C'est nous deux. Tu es classique, je le suis moins. J'aime l'idée que tu es un grand écrivain, que tu as du succès, que tu fais ce que tu as envie de faire, et que moi, comme toi (je ne parle pas de l'écrivain mais de la « femme création »), je suis celle qui absorbe, pille, vole tout, bouffe tout, celle qui dessine, coupe, plie, essaie, cette femme-là que je connais bien, qui aime l'amour comme toi, la beauté comme toi.

10 000 baisers.

Sonia

> Ma belle,

Quel bonheur de trouver ton mot ce matin en arrivant rue de Buci… C'est vrai, au fil des jours, nous avons oublié cette correspondance ; c'est absurde !

Aujourd'hui, jour de la mort du Christ. De la rue montent des cantiques. Surprise, j'ouvre la fenêtre : c'est une procession. Je descends. Boulevard Saint-Germain, un homme porte une croix suivi par une foule de fidèles qui chantent. Parmi eux, quelques prêtres en robe blanche. L'un d'eux dit : « Première station. » C'est un chemin de croix qui se déroule à Saint-Germain-des-Prés. Il y a longtemps que je n'avais vu de procession dans une ville. Comme il est loin le temps de mon enfance où, plusieurs fois l'an, à l'occasion de la Fête-Dieu, de l'Ascension, de l'Assomption ou du miracle de la Vierge de Montmorillon, nous marchions en tête, munies d'une corbeille contenant des pétales de roses ou de pivoines que nous lancions au passage du saint sacrement ou à celui de la Vierge miraculeuse. Plus tard, ayant revêtu nos robes de communiantes, nous encadrions, un cierge à la main, le prêtre portant l'ostensoir. Devenues grandes, nous nous confondions dans la foule. Le chemin de croix avait lieu dans l'église. Nous nous arrêtions devant chaque station du supplice de Jésus. Je me rappelle mon émotion devant cet homme à terre que l'on battait et insultait. C'est alors que me revenait en mémoire le défilé des femmes tondues au moment de la Libération. J'étais petite, mais j'avais été envahie de honte devant ce lamentable et honteux spectacle. J'étais troublée de mettre sur le même plan les souffrances du Christ et celles de ces femmes accusées d'avoir couché avec l'occupant : était-ce un péché ? Tu vois, quelques cantiques, une croix ont fait ressurgir ces lointains souvenirs. Il y a deux mille ans, un homme est mort sur une croix « pour le rachat de nos péchés », disait-il. Enfant, je le croyais et lui demandais pardon au nom de tous les hommes. Aujourd'hui des hommes, des femmes et des enfants meurent chaque jour dans l'indifférence générale, j'aimerais retrouver ma foi d'antan et demander à l'Homme-Dieu de revenir nous sauver. Je t'ennuie sans doute avec mes évocations chrétiennes... mais je n'ai jamais trouvé que le Vendredi saint était un jour comme les autres. Toujours, j'ai le cœur qui se serre, les larmes emplissent mes yeux. Je suis sur le mont Golgotha et je fixe le visage de cet homme qui va mourir. J'entends un grondement dans le ciel, je vois les ténèbres envahir la Terre qui tremble sous mes pieds… je regarde ma montre : bientôt trois heures : l'heure de sa mort. « Mon père, pardonnez-leur car ils ne savent pas ce qu'ils font ! » s'est-il écrié en rendant son dernier soupir. Il a dit vrai, nous ne savons pas ce que nous faisons de ce cadeau merveilleux qu'est la vie. Nous la gaspillons en vanités, en futilités. Certains d'entre nous font de ce cadeau œuvre utile, d'autres le laissent dans un coin ne sachant qu'en faire… Nous passons sur Terre sans comprendre pourquoi et nous mourrons de même.

Mais toi et moi, nous avons le temps : nous avons tant de choses à faire encore.

Que ces fêtes de Pâques te soient douces. Que la joie demeure !

Paris, le 24 avril

> Ma douce,

Un visage d'ange supplicié. Jésus pour moi c'était tout ce que je ne pouvais supporter. Pourquoi cette folie ? Pourquoi l'avoir battu, cloué, tué ? Comment ne pas se rebeller, empêcher l'horreur ? Pourquoi dire : « Mon père, pardonnez-leur car ils ne savent pas ce qu'ils font » ?

Je sais, je ne dois pas, mais c'est plus fort que moi. Quant aux femmes tondues à la Libération, quelle honte ! C'est vrai, elles avaient fauté. Mais est-ce que ça méritait ce châtiment ? « Jésus est mort pour le rachat de nos péchés », c'est nul. C'est vrai que je n'ai pas la foi mais tout de même c'est à mourir de rire. Pourtant je suis fragile en ce moment, je pourrais suivre la première personne qui m'entraînerait dans une histoire hallucinante, magique, pour savoir ce qui se passe ailleurs, puisque tout ce qui m'entoure est difficile, voire incompréhensible. Peut-on se laisser prendre par un beau parleur, un fou de charme qui fait miroiter le nirvana ? Je ne le pense pas.

Tu dis qu'aujourd'hui tu aimerais retrouver ta foi et demander à l'Homme-Dieu de revenir nous sauver. Tu ne m'ennuies pas avec tes évocations chrétiennes, tu me fais sourire. Comment peux-tu penser que Dieu va revenir nous sauver ? D'abord tu dis « revenir » : ça voudrait dire qu'il est parti. Dieu ne peut pas partir. Si c'est Dieu, il est là. Énigme ! Il est là où ? En Irak, en Espagne, etc. Moi aussi, petite, j'ai prié Dieu pour tout et n'importe quoi. La foi, c'est génial. Je donnerais beaucoup pour être croyante. Combien de fois suis-je allée mettre un cierge (c'est pour le geste, tu diras) pour mes versions latines, mes amours, mes enfants, mes amis. Crois-tu que nous gaspillions la vie en futilités, en vanités ? Je pense, moi, que la vie c'est aussi la futilité, la vanité plus l'immense cadeau dont tu parles. Où pourrait nous entraîner cette discussion philosophique ? « Nous passons sur Terre sans comprendre pourquoi et nous mourons de même. » Toi et moi, nous avons le temps. J'adorerais parler de ce mystère avec toi. Que la joie demeure !

Je t'aime.

Sonia

Pourquoi ai-je le cœur si plein de larmes, comme si
à ma naissance un immense chagrin m'avait
envahie ? Quelqu'un m'a dit qu'au moment où je
naissais au monde l'âme de mon arrière-grand-
mère, Louise, qui s'était jetée dans le canal à
Vierzon, était entrée en moi. J'ai éprouvé malaise et
agacement en entendant cela. « Dites-lui de vous
laisser en paix », m'a conseillé la même personne ;
je n'ai pas dû savoir trouver les mots qui l'auraient
apaisée et aidée à trouver le chemin du repos
éternel. Pourquoi est-ce que je te raconte cela ?
La lecture de ta lettre peut-être qui répondait à une
de mes précédentes missives. Tout être humain est-il
à la recherche de Dieu ? On pourrait le croire en
nous lisant, toi la juive, moi la chrétienne. Le dieu
de nos ancêtres est le même mais il les a divisés au
lieu de les rapprocher ; comment expliques-tu cela ?
La mort du fils présumé de Dieu n'en est pas la
seule cause ; quelle est-elle alors ? Trop de questions
sans réponses, il faut faire avec et vivre comme si de
rien n'était. La vie est trop belle pour être
assombrie par ces questions. Ne nous suffit-il pas de
nous sentir vivantes, libres d'aimer, fières de nos
talents, heureuses de nous connaître ? Oublions un
temps les malheurs qui accablent le monde,

qui nous empêchent de nous sentir vraiment
vivantes et de jouir du bonheur d'être. Regarde les
arbres de Paris, comme ils s'en donnent à cœur joie
de voir leur feuillage renaître, eux qui avaient craint
durant le long hiver de ne plus reverdir. Soyons à
l'unisson de la nature, fragiles et fortes comme elle,
renaissant de nos doutes, de nos erreurs, plus
fatiguées certainement mais plus assurées de la
force de vie qui est en nous.

Prends soin de toi, ma belle chérie, j'ai besoin de
ton sourire, de ta douceur, de ta volonté, de tes
vêtements. Vivons, c'est le plus beau cadeau que
nous puissions faire à nos enfants, aux hommes qui
nous aiment, à ce fou mort sur une croix pour
« effacer le péché du monde ». Il n'a pas réussi et
doit avoir, lui aussi, au fond du cœur une tristesse
qui ne s'éteindra jamais ; à moins qu'il ne revienne
un jour. Mais ça, c'est une autre histoire. Je t'aime.

> Ma belle,

Avons-nous raison de vouloir publier ces lettres ?
Ne faisons-nous pas preuve de vanité en croyant
que cela puisse intéresser les lecteurs ? C'est bien
le moment de se poser la question ! me diras-tu,
il fallait y penser avant. Tu as raison. D'autant qu'on
va encore me faire le reproche de trop publier…
Je sais que tu tiens à cette publication qui va nous
exposer aux critiques littéraires et autres.
Qu'importe, nous verrons bien.
Quoi qu'il en soit, sache que j'ai pris un immense
plaisir à cet échange, qu'il m'a à maintes reprises
aidée à surmonter mes peurs et mes doutes. Merci,
ma chérie, de ta confiance, de ta fidélité, de ton
amour. Tu m'es précieuse, ne l'oublie pas.
Fais attention à toi.
Je t'aime, à jamais.

Folie, oui.

Envie, oui, vanité, pourquoi pas ?

Obsession, célébrité, publier. Toujours nous sommes allées au-devant des critiques, jamais nous n'avons pris garde. À corps perdu, je me suis jetée dans une discipline que je ne connaissais pas.

Je n'avais peur de rien.

Retourner les coutures, retirer les ourlets, les surpiquer. Raconter les états d'âme de cette femme qui s'échappait de mon papier pour courir comme une folle sur le podium.

Illuminée, pas terminée. Demain je recommence.

En piste !

Je t'aime.

Sonia

Et je la voudrais nue..., Paris, Grasset, 1979.

Célébration, Paris, Éditions des Femmes, 1988.

La Collection, Paris, Grasset, 1989.

Tatiana acacia : douze contes, Paris, Flammarion, 1993.

Collection terminée, collection interminable, Paris, Flammarion, 1993.

Les Lèvres rouges, Paris, Grasset, 1996.

Paris, sur les pas de Sonia Rykiel, Paris, Éditions du Garde-Temps, 1999.

Agenda Sonia Rykiel, Paris, Fontaine Albums, 2001.

De Régine Deforges

Aux Éditions Fayard

Blanche et Lucie, roman, 1976.

Le Cahier volé, roman, 1978.

Contes pervers, nouvelles, 1980.

La Bicyclette bleue, roman, 1981.

La Révolte des nonnes, roman, 1981.

Les Enfants de Blanche, roman, 1982.

Lola et quelques autres, nouvelles, 1983.

101, avenue Henri-Martin, La Bicyclette bleue, t. II, roman, 1983.

Sur les bords de la Gartempe, roman, 1985.

Le Diable en rit encore, La Bicyclette bleue, t. III, roman, 1985.

Sous le ciel de Novgorod, roman, 1989.

Noir Tango, La Bicyclette bleue, t. IV, roman, 1991.

Rue de la Soie, La Bicyclette bleue, t. V, roman, 1994.

La Dernière Colline, La Bicyclette bleue, t. VI, roman, 1996.

« Pêle-Mêle », chroniques de « L'Humanité », t. I, chronique, 1998.

Camilo, portrait du révolutionnaire cubain Camilo Cienfuegos, 1999.

Cuba libre !, La Bicyclette bleue, t. VII, roman, 1999.

« Pêle-Mêle », chroniques de « L'Humanité », t. II, chronique, 1999.

Rencontres ferroviaires, nouvelles, 1999.

« Pêle-Mêle », chroniques de « L'Humanité », t. III, chronique, 2000.

Alger, ville blanche, La Bicyclette bleue, t. VIII, roman, 2001.

« Pêle-Mêle », chroniques de « L'Humanité », t. IV, chronique, 2002.

Les Généraux du crépuscule, roman, 2003.

« Pêle-Mêle », chroniques de « L'Humanité », t. V, chronique, 2004.

La Hire ou la colère de Jehanne, roman, 2005.

AUX ÉDITIONS PAUVERT

O m'a dit, entretiens avec l'auteur d'*Histoire d'O*, 1975 ; nouvelle édition, 1995.

AU CHERCHE-MIDI ÉDITEUR

Les Cent Plus Beaux Cris de femmes, anthologie, 1981.

Poèmes de femmes, anthologie, 1993.

AUX ÉDITIONS NATHAN

Léa au pays des dragons, conte et dessins pour enfants, 1991.

Aux Éditions Ramsay

L'Apocalypse de saint Jean, racontée et illustrée pour les enfants, 1985.

Ma cuisine, livre de recettes, 1989 ; nouvelle édition chez Stock, 1996.

Aux Éditions Albin Michel/Régine Deforges

Le Livre du point de croix, en collaboration avec Geneviève Dormann, 1987.

Aux Éditions Albin Michel

Pour l'amour de Marie Salat, roman épistolaire, 1986.

La Sorcière de Bouquinville, t. I, album pour enfants illustré par Luc Turlan, 2003.

Le Collier de perles, roman, 2004.

Les Poètes et les Putains, anthologie composée en collaboration avec Claudine Brécourt-Villars, 2004.

La Sorcière de Bouquinville, t. II, album pour enfants illustré par Luc Turlan, 2005.

Aux Éditions du Seuil

Le Couvent de sœur Isabelle, conte et dessins pour enfants, 1991.

Léa chez les diables, conte et dessins pour enfants, 1991.

Léa et les fantômes, conte et dessins pour enfants, 1992.

Ce siècle avait trois ans : journal de l'année 2003, journal intime, 2004.

AUX ÉDITIONS PLUME

Rendez-vous à Paris, illustré par Hippolyte Romain, 1992.

AUX ÉDITIONS HOËBEKE

Toutes belles, photographies de Willy Ronis, 1992.

AUX ÉDITIONS DE L'IMPRIMERIE NATIONALE

Juliette Gréco, photographies d'Irmeli Jung, 1990.

AUX ÉDITIONS SPENGLER

Paris chansons, photographies de Patrick Bard, 1993 ; nouvelle édition dans la collection de poche des Éditions Pocket, 1998.

Troubles de femmes, nouvelles, 1994.

AUX ÉDITIONS FAYARD/SPENGLER

Roger Stéphane ou la passion d'admirer, carnets I, 1995.

AUX ÉDITIONS CALLIGRAM

Les Chiffons de Lucie, livre pour enfants illustré par Janet Bolton, 1993.

L'Arche de Noé de grand-mère, livre pour enfants illustré par Janet Bolton, 1995.

AUX ÉDITIONS STOCK

Les Poupées de grand-mère, en collaboration avec Nicole Dotton, 1994.

Le Tarot du point de croix, en collaboration avec Eliane Doré, 1995.

Les Non-dits de Régine Deforges, entretiens de Régine Deforges avec Lucie Wisperheim, 1997.

Ces sublimes objets du désir, en collaboration avec Claudine Brécourt-Villars, 1998.

AUX ÉDITIONS BLANCHE
L'Orage, roman érotique, 1996.

AUX ÉDITIONS BLANCHE/ROBERT LAFFONT
Entre femmes, entretiens avec Jeanne Bourin, 1999.

AUX ÉDITIONS MANGO-IMAGES
La Chanson d'amour, petite anthologie, en collaboration avec Pierre Desson, 1999.

AUX ÉDITIONS DU ROCHER
L'Érotique des mots, entretiens réalisés avec Chantal Chawaf, 2004.

Photocomposition Nord Compo – Villeneuve-d'Ascq

Achevé d'imprimer en janvier 2006
par Mame, Tours
pour le compte des éditions Calmann-Lévy
31, rue de Fleurus 75006 Paris

N° d'éditeur : 14025/01
N° d'imprimeur : 05102183
Dépôt légal : janvier 2006

Imprimé en France

Imprimé en France
FRHW011533280521
27286FR00017B/108

9 782702 136447